Natascha Krauss

Social Commerce auf Instagram

Potenziale von Social Media-Marketing und E-Commerce für Unternehmen

Bibliografische Information der Deutschen Nationalbibliothek:

Die Deutsche Nationalbibliothek verzeichnet diese Publikation in der Deutschen Nationalbibliografie; detaillierte bibliografische Daten sind im Internet über http://dnb.d-nb.de abrufbar.

Impressum:

Copyright © Studylab 2020

Ein Imprint der GRIN Publishing GmbH, München

Druck und Bindung: Books on Demand GmbH, Norderstedt, Germany

Covergestaltung: GRIN Publishing GmbH

Inhaltsverzeichnis

Darstellungsverzeichnis IV

Abkürzungsverzeichnis V

1 Einleitung 1
    1.1 Zielsetzung der Arbeit 1
    1.2 Abgrenzung 2
    1.3 Gang der Arbeit 2

2 Grundlagen von Social Commerce und Instagram 3
    2.1 Social Media und Web 2.0 3
    2.2 E-Commerce 4
    2.3 Social Commerce 5
    2.4 Instagram 7
    2.5 Zwischenfazit 10

3 Potenziale und Einschränkungen des Social Commerce für Unternehmen 11
    3.1 Nutzenpotenziale und Ziele für Unternehmen 11
    3.2 Sozialpsychologische Potenziale 13
    3.3 Problembereiche und Einschränkungen 16
    3.4 Zwischenfazit 19

4 Analyse der Potenziale des Social Commerce auf Instagram 20
    4.1 Faktoren zur erfolgreichen Nutzung von Instagram 20
    4.2 Konsumentenverhalten im Social Commerce auf Instagram 22
    4.3 Auswirkungen der sozialpsychologischen Potenziale auf das
          Konsumentenverhalten im Social Commerce auf Instagram 30
    4.4 Zwischenfazit 32

5 Fazit 33

Anhangsverzeichnis 35

Anhang 36

Literaturverzeichnis 50

Darstellungsverzeichnis

Darst. 1: Die Grundlagen des Social Commerce 5

Darst. 2: Weitergabe von Erfahrungen mit Produkten oder Dienstleistungen 13

Darst. 3: Zusammenhang zwischen Kaufverhalten und Involvement 21

Darst. 4: Die drei Phasen des Kaufprozesses 23

Darst. 5: Shopping-Beispielbeitrag von Def-Shop bei Instagram 28

Abkürzungsverzeichnis

#	Hashtag (Schlagwort)
@	at (an)
Ads	Advertisements (Werbeanzeigen)
App	Application (Anwendung)
ARD	Fernsehsender „Das Erste"
Bitkom	Bundesverband Informationswirtschaft, Telekommunikation und neue Medien e.V.
bspw.	beispielsweise
bzw.	beziehungsweise
Darst.	Darstellung
ebd.	ebenda
eBook	Electronic Book (Elektronisches Buch)
E-Business	Electronic Business (Elektronisches Geschäft)
E-Commerce	Electronic Commerce (Elektronischer Handel)
EDI	Electronic Data Interchange (Elektronischer Datenaustausch)
E-Potential	Electronic Potential (Elektronisches Potenzial)
et al.	et alii/aliae/alia (und andere)
eWOM	Electronic Word-of-Mouth (Elektronische Mundpropaganda)
f.	folgende
IT	Informationstechnik
Mio.	Millionen
Mrd.	Milliarden
PR	Public Relations (Öffentlichkeitsarbeit)
S.	Seite
SC	Social Commerce
UGC	User-Generated Content (Nutzergenerierte Inhalte)
UK	United Kingdom (Vereinigtes Königreich)

Abkürzungsverzeichnis

US	United States (Vereinigte Staaten)
USA	United States of America (Vereinigte Staaten von Amerika)
WOM	Word-of-Mouth (Mundpropaganda)
z. B.	zum Beispiel
ZDF	Fernsehsender „Das Zweite Deutsche Fernsehen"

1 Einleitung

Social Media gewinnt seit Jahren stetig an Bedeutung. Kombiniert mit dem E-Commerce ergibt das den sogenannten Social Commerce (SC), ein Instrument des Social Media-Marketings, um Produkte in sozialen Netzwerken zu vertreiben und den E-Commerce um eine soziale Komponente zu erweitern. Dabei reformieren soziale Medien vermehrt das Online-Kaufverhalten der Konsumenten[1]. Diese Weiterentwicklungen bieten Unternehmen die Möglichkeit der Kommunikation mit den Konsumenten, welche infolgedessen für Vermarktungszwecke genutzt werden kann. Es handelt sich hierbei um ein hochaktuelles Thema, welches vielzählige Potenziale beinhaltet. Die Social Media-Plattform *Instagram* stellt mit über 800 Mio. Nutzern ein interessantes Einsatzgebiet für SC dar. Für viele Unternehmen stellt sich jedoch die Frage, womit der Einsatz von Marketing und Vertrieb in Social Media tatsächlich den Unternehmenserfolg beeinflussen kann. Die Antwort darauf könnte „Social Commerce" sein und Unternehmen zeigen, von welchen Gewinnen sie durch den Einsatz von Social Media-Marketing profitieren könnten. Zum besseren Verständnis scheint die Abgrenzung und Erläuterung der Potenziale des SC hilfreich zu sein.

1.1 Zielsetzung der Arbeit

Die Zielsetzung dieser Bachelorarbeit besteht darin, Potenziale für die Nutzung von Social Commerce für Unternehmen herauszuarbeiten und diese am Beispiel von *Instagram* zu erläutern. SC scheint noch nicht tiefergehend erforscht zu sein, insbesondere die jüngste Entwicklung von In-App-Käufen auf sozialen Medien findet in der Literatur bisher kaum Beachtung. Auch die Konsumentenforschung hat sich mit dem Thema und dessen Einfluss auf das Käuferverhalten bislang wenig befasst. Da SC sich bis dato überwiegend auf soziale Aspekte im Online-Shopping und nicht auf explizites Kaufverhalten in Social Media-Apps bezog, soll diese Arbeit herausstellen, inwiefern die aktive Nutzung von SC in sozialen Netzwerken einen Mehrwert für Unternehmen darstellt. Dabei werden die kombinierten Potenziale aus E-Commerce, Social Media-Marketing und Sozialpsychologie mit den Auswirkungen auf das Konsumentenverhalten verknüpft, um die Potenziale des Social Commerce für Unternehmen am Beispiel der Plattform *Instagram*

---

[1] Aus Gründen der Lesbarkeit wird im Verlauf der Arbeit auf gendergerechte Sprache verzichtet.

zu beschreiben.

1.2 Abgrenzung

Nachfolgend werden Social Commerce-Formen vorgestellt, die explizit auf *Instagram* existieren, wobei kein Bezug auf andere Plattformen wie *Facebook* oder *Pinterest* genommen wird. SC in reinen Online-Shops wird ebenfalls weitestgehend außer Acht gelassen, stattdessen liegt der Fokus auf Social Media-Aktivitäten mit direktem Bezug zu Kaufprozessen. Für diese Arbeit gilt das Augenmerk dem mobilen, App-basierten Social Commerce in sozialen Netzwerken wie *Instagram* und nicht den im Rahmen der Evolution von SC neu entstandenen Geschäftsmodellen. Die herausgearbeiteten Potenziale beziehen sich dabei nicht auf generelles Social Media-Marketing, sondern haben den Social Commerce im Blick. Wenn hierbei von Konsumenten die Rede ist, sind diese als Endverbraucher gemeint. Obwohl der Mehrwert der Konsumenten stark mit dem der Unternehmen korreliert, betrifft diese Arbeit ausdrücklich die Potenziale der Unternehmen.

1.3 Gang der Arbeit

Zunächst werden in Kapitel 2 die Grundlagen von Social Commerce bestehend aus Social Media, E-Commerce und der Evolution von Social Commerce vorgestellt, des Weiteren wird die Plattform *Instagram* bekannt gemacht. Anschließend erfolgt im dritten Kapitel die Beschreibung der Nutzenpotenziale und Ziele für Unternehmen und die Erklärung der verschiedenen sozialpsychologischen Potenziale. Auch Problembereiche und Einschränkungen wie bspw. die Produkteignung für SC werden angerissen. In Kapitel 4 wird zunächst als Voraussetzung für die erfolgreiche Nutzung von *Instagram* der Faktor der Markeneignung dargelegt. Danach werden die Erkenntnisse aus Kapitel 3 auf das Konsumentenverhalten in den drei Phasen des Kaufprozesses übertragen und anhand von Beispielen festgehalten sowie die damit verbundenen Auswirkungen untersucht. Die Beispiele sollen dabei der Stützung und Illustration der Argumente helfen, unterdessen kann keine Aussage über den absoluten Erfolg mancher Beispiele gemacht werden. Alle drei Hauptkapitel enden jeweils mit einem Zwischenfazit. Das Schlusskapitel 5 beinhaltet die zentralen Erkenntnisse der Arbeit und das daraus folgende Fazit.

2 Grundlagen von Social Commerce und Instagram

Im folgenden Kapitel werden die Begriffe Social Media und Web 2.0 sowie E-Commerce als Grundlagen des Social Commerce definiert. Zudem erfolgt die Darlegung der Definition und Entwicklung des Social Commerce mit anschließender Vorstellung der Social Media-Plattform *Instagram*. Das Kapitel 2 endet mit einem Zwischenfazit.

2.1 Social Media und Web 2.0

Mit der Steigerung der Internetnutzung gewinnt das Web an Bedeutung. Laut der *ARD/ZDF*-Onlinestudie 2017 nutzten im Jahr 2017 in Deutschland 62,4 Mio. Menschen das Internet, 72 % der Bevölkerung surfte täglich im Internet. Im Jahr 2014 waren es hingegen nur 58 % (*Koch/Frees*, 2017, S. 434 f.). Der Global Digital Report 2018 zeigt, dass sich diese Entwicklung weltweit ähnelt. Mehr als die Hälfte der Weltbevölkerung nutzt das Internet, 2017 waren beinahe 250 Mio. Personen weltweit erstmalig online (*Kemp*, 2018, S. 3). Analog nimmt auch der Gebrauch von sozialen Medien zu. Die Nutzung der sozialen Netzwerke steigt jährlich um mehr als 10 % und erreicht damit insgesamt mehr als drei Milliarden Nutzer weltweit. Im Jahr 2017 haben jeden Tag fast eine Million Menschen erstmalig Social Media-Kanäle genutzt (ebd., 2018, S. 3–8).

Dabei gewinnen Social Media-Plattformen wie bspw. *Instagram* rasant an Bedeutung, vor allem ermöglicht durch die Weiterentwicklung des Internets. Die Entstehung neuer Technologien, Steigerung der Datenübertragungsraten sowie Senkung der Internetnutzungskosten steuerten maßgeblich dazu bei, dass sich das Internet veränderte. Zur Evolution trug auch die Wandlung des Nutzerverhaltens bei. Nutzer sind nun bereit, selbst Inhalte zu generieren, sogenannten „*User-Generated Content*" (*UGC*). Außerdem sind sie gewillt, ihre Online-Identität preiszugeben und somit weniger anonym im Internet zu agieren (*Hettler*, 2012, S. 2–4).

Im Laufe der Zeit entstand daher das sogenannte „Web 2.0", ein Begriff, welcher den deutlichen Wandel des Internets treffend ausdrückt. Tim O'Reilly prägte diesen Ausdruck grundlegend und beschreibt Web 2.0 als ein Netzwerk, welches als Plattform agiert, dich sich über alle Geräte spannt und dabei die Vorteile von Web 2.0-Anwendungen hervorragend nutzt. Er vergleicht es mit einer Software, welche sich kontinuierlich verbessert, je mehr Menschen sie nutzen und sich daran beteiligen (*O'Reilly*, 2005). O'Reilly macht deutlich, wie wichtig die Integration der Nutzer und deren Interaktion im Internet bei der Entwicklung zum Web 2.0 ist.

User veröffentlichen selbst kreierte Inhalte und nehmen aktiv am Geschehen teil. Das Web wird zum „Mitmach-Internet", wobei Social Media basierend auf dem Konzept des Web 2.0 entsteht. Kaplan und Haenlein definieren Social Media passend dazu als eine Gruppe internet-basierter Anwendungen, welche auf ideologischer und technischer Basis des Web 2.0 aufbauen und die Schöpfung sowie den Austausch nutzergenerierter Inhalte ermöglichen (*Kaplan/Haenlein*, 2010, S. 61). Turban et al. bezeichnen Social Media als online Text-, Bild-, Audio- und Videoinhalte, die von Personen erstellt werden, welche Web 2.0-Plattformen und Werkzeuge für soziale Interaktionen und Gespräche nutzen, überwiegend um Meinungen, Erfahrungen, Eindrücke und Erkenntnisse zu teilen (*Turban/Strauss/Lai*, 2016, S. 8). Zusammenfassend kann Social Media als Web 2.0-Anwendungen beschrieben werden, welche es Nutzern ermöglichen, untereinander zu interagieren, Inhalte zu kreieren und diese auszutauschen.

2.2 E-Commerce

E-Commerce ist die Kurzform des Begriffes „Electronic Commerce", welcher übersetzt „Elektronischer Handel" bedeutet. Diesen Begriff beschreibt Wirtz als Handel, der im Web stattfindet und den Leistungsaustauschprozess des Kaufs und Verkaufs zwischen Unternehmen und Kunden umfasst (*Wirtz*, 2018, S. 30). Auch Schubert/Wölfle definieren E-Commerce als Teil des E-Business, der auf die Anbahnung, Vereinbarung und Abwicklung rechtsverbindlicher Geschäftstransaktionen abzielt (*Schubert/Wölfle*, 2000, S. 3). Zusammengefasst handelt es sich um den Vertrieb von Produkten und Dienstleistungen über das Internet. Schon in den 1970er Jahren entstanden die ersten Formen des E-Commerce, bspw. der elektronische Datenaustausch zwischen Unternehmen anhand von EDI-Systemen. Mit der Weiterentwicklung und Kommerzialisierung des Webs veränderte sich auch der elektronische Handel, weg vom vereinheitlichten Austausch von Unternehmen hin zu individueller Kommunikation mit und unter Verbrauchern (*Olbrich/Schultz/Holsing*, 2015, S. 6). Aktuell wächst die Anzahl der Personen, welche den Online-Handel nutzen auf fast 45 % aller Internetuser. Im Jahr 2017 wurden in den USA beinahe 1,5 Billionen US-Dollar über E-Commerce-Plattformen ausgegeben (*Bouwman*, 2018).

2.3 Social Commerce

Social Commerce kann als Zusammenschluss von Social Media, Web 2.0 und E-Commerce gesehen werden. In Abschnitt 2.3.1 werden der Begriff und die kennzeichnenden Eigenschaften des Social Commerce erläutert und in Abschnitt 2.3.2 die Evolution von Social Commerce sowie der Status Quo beschrieben.

2.3.1 Definition und Charakteristika

Social Commerce wird häufig als E-Commerce-Transaktion innerhalb von Social Media bezeichnet. Da es sich allerdings um ein sehr junges und dynamisches Gebiet handelt, gibt es noch keine einheitlich festgelegte Definition.

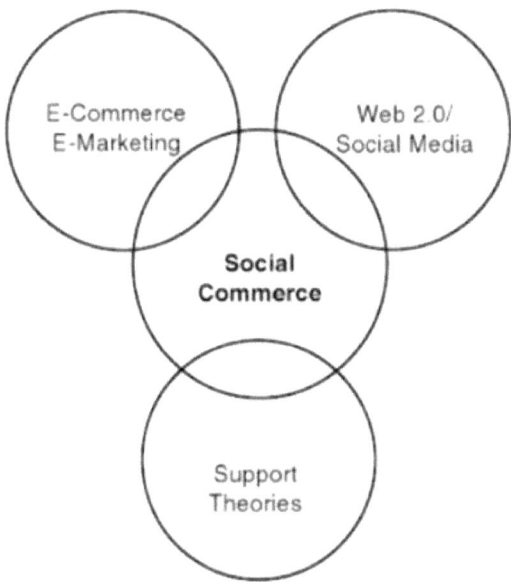

Darst. 1: Die Grundlagen des Social Commerce
Quelle: *Turban/Strauss/Lai*, 2016, S. 9

Wie in Darst. 1 veranschaulicht, bezeichnen Turban et al. Social Commerce (SC) als Integration von E-Commerce und Online-Marketing im Zusammenschluss mit der Nutzung von Web 2.0 und sozialen Medien. Diese Fusion wird unterstützt von Theorien bspw. aus der Sozialpsychologie und dem Konsumentenverhalten (*Turban/Strauss/Lai*, 2016, S. 8). Bei Bächle und Lehmann liegt der Fokus auf der aktiven Beteiligung der Kunden sowie deren persönlicher Beziehung untereinander.

Auch sie sehen Social Commerce als Ausprägung des E-Commerce (*Bächle/Lehmann*, 2010, S. 112). Richter et al. erklären SC wie folgt:

> „Der Social Commerce stellt die zwischenmenschlichen Beziehungen und Interaktionen (den Austausch von Bewertungen, Produktinformationen und Feedback) in den Vordergrund, die vor, während und nach geschäftlichen Transaktionen eine Rolle spielen und setzt damit dem E-Commerce eine zusätzliche kooperations- und kommunikationsorientierte Ebene auf." (*Richter/Koch/Krisch*, 2007, S. 5)

Besonders geprägt wurde der Begriff des Social Commerce allerdings durch den PR-Experten und professionellen Blogger Steve Rubel. Laut ihm kann SC verschiedene Formen annehmen; es geht aber immer darum, für Menschen einen Ort zu schaffen, an dem sie online zusammenarbeiten, Ratschläge von vertrauenswürdigen Personen erhalten, Waren und Dienstleistungen finden und diese dann kaufen können (*Rubel*, 2005). All diese Definitionen haben gemeinsam, dass der Kunde im Mittelpunkt steht und Prozesse des Kaufens und Verkaufens im Internet um eine soziale Komponente erweitert werden. Kommunikation und Interaktion zwischen Unternehmen und Kunden wie auch zwischen Kunden untereinander gewinnen an Relevanz. Rubel im Besonderen spricht dabei von der Weisheit oder Kraft der Vielen in Bezug auf den Kaufprozess (ebd., 2005). Auch Yadav et al. beziehen sich auf Austauschprozesse im Rahmen der Wahrnehmungs-, Vorkauf-, Kauf- sowie Nachkaufphase. Als Plattform für Social Commerce dienen dabei die verschiedenen sozialen Netzwerke. Diese können starken Einfluss auf das Kaufverhalten von Konsumenten haben (*Yadav et al.*, 2013, S. 312–315).

2.3.2 Historie und aktuelle Entwicklung

Social Commerce begann mit der Einführung von Ratings und Reviews (*Heinemann/Gaiser*, 2016, S. 31). Das Unternehmen *Amazon* erkannte schon früh den Nachteil des Internets gegenüber dem stationären Handel aufgrund der Unpersönlichkeit. Somit setzte *Amazon* ein Bewertungssystem für Produkte ein, um diese Schwäche auszugleichen und Transparenz zu liefern (*Richter/Koch/Krisch*, 2007, S. 1). Weiter entwickelte sich der SC durch die Einführung von auf Kauferfahrungen basierenden Produktempfehlungen und individualisierten Angeboten genauso wie Empfehlungen von Freunden (*Heinemann/Gaiser*, 2016, S. 31). Der Online-Händler *Amazon* führte diesbezüglich Empfehlungssysteme ein, welche anhand von Data-Mining, „einer multivariaten Datenaufbereitung und -analyse" (*Bruhn/Esch/Langner*, 2016, S. 419), das Konsumentenverhalten der Käufer analysieren und darauf aufbauend Kaufempfehlungen vorschlagen, wie z. B. „Kunden, die dieses Buch gekauft haben, kauften auch ..." (*Richter/Koch/Krisch*, 2007, S. 1). Durch die Weiterentwicklung des Internets zum Web 2.0 wurde die technische Grundlage für Social Media-Apps gelegt. Auf die Veränderung des Nutzerverhaltens folgte daraufhin die Entstehung des eigentlichen SC in sozialen Medien, auf Unternehmenswebseiten, Online-Shops und weiteren Formaten.

Das Nutzungspotenzial des Web 2.0 soll zur Aktivierung der Konsumenten in Prozessen der Innovation, des Vertriebs, des Kaufs und des After Sales genutzt werden (*Bächle/Lehmann*, 2010, S. 110–112; *Olbrich/Schultz/Holsing*, 2015, S. 25 f.). Für Heinemann ist es nur logisch, dieses vorhandene Potenzial zu nutzen und eine Kaufmöglichkeit direkt in der Social Media-App anzubieten, wenn mögliche Kunden sich ohnehin bereits in sozialen Medien über Produkte und Informationen austauschen und informieren (*Heinemann*, 2018a, S. 212).

Als aktuell höchste Entwicklungsstufe des Social Commerce wird der App-basierte Social Commerce wie bei *Instagram* bezeichnet. Hierbei können Produkte direkt in Apps gekauft und bewertet werden (ebd., 2018b, S. 152). SC ist ein hochaktuelles Feld und entwickelt sich stetig weiter, beginnend bei der anfänglichen Nutzung sozialer Werkzeuge in Online-Shops bis zur heutigen Umsetzung von Verkaufsprozessen in Social Media-Apps (ebd., 2018b, S. 143). Im September 2016 haben in den USA 18,2 % der Internetnutzer Produkte direkt über Social Media gekauft (*Sumo Heavy*, 2016). Laut Schätzungen der Unternehmensberatung *Booz & Company* lag das Marktvolumen für Social Commerce im Jahr 2011 bei etwa 5 Mrd. US-Dollar und stieg 2015 auf etwa 30 Mrd. US-Dollar (*Penrose*, 2011). Für das Jahr 2021 wird eine Umsatzentwicklung auf 165,59 Mrd. US-Dollar vorhergesagt (*Technavio*, 2017). Bei einer *Statista*-Expertenbefragung in Deutschland zur Bedeutung von E-Commerce in sozialen Medien befanden 59 % der Experten, dass der Gegenstand des Social Commerce ein „interessanter Trend" sei. 16 % der Befragten waren der Meinung, es handele sich dabei um einen „*Game Changer*" (*Statista*, 2017).

2.4 Instagram

Da im Rahmen dieser Arbeit das Potenzial von Social Commerce für Unternehmen am Beispiel von *Instagram* herausgestellt werden soll, wird in diesem Kapitel die Social Media-Plattform *Instagram* vorgestellt.

2.4.1 Grundlegende Strukturen

Instagram ist eine speziell für Smartphones entwickelte kostenlose Social Media-Plattform zum Teilen von Fotos und Videos. Die Sharing-App entstand im Oktober 2010 und wurde 2012 von *Facebook* aufgekauft. Als Fusion von Microblog und audiovisueller Plattform kann sie privat wie auch geschäftlich genutzt werden *(Gabriel/Röhrs*, 2017, S. 39 f.). Nutzer können Inhalte liken und kommentieren, eigene Inhalte generieren, bearbeiten und hochladen oder andere Personen und Unternehmen abonnieren. Außerdem besteht die Möglichkeit, Personen, Orte oder Hashtags (Schlagworte) zu suchen. Der Fokus von *Instagram* liegt auf Bildinhalten, daher darf der Text unter einem Bild höchstens 2200 Zeichen und maximal 30 Hashtags beinhalten. Ein für Unternehmen wichtiger Fakt ist, dass die Veröffentlichung von Links oder verlinkten Bildern auf *Instagram* nicht möglich ist. Links werden in reiner Textform angezeigt *(Scholz*, 2017, S. 10). Ausnahme davon sind *Instagram*-Stories sowie werbliche Anzeigen. Als „Story" können Bilder und Videos veröffentlicht werden, die nach 24 Stunden automatisch wieder gelöscht werden *(Instagram*, 2016). Seit Ende 2017 ist es möglich, nicht nur Personen, sondern auch Hashtags zu folgen (ebd., 2017a). *Instagram* hat viele verschiedene Funktionen und entwickelt sich ständig und rasant weiter. Im Fokus steht dabei immer die Interaktion und Vernetzung der Nutzer untereinander sowie mit Unternehmen und Marken.

Unternehmen steht es frei, ein Business-Profil anzulegen und damit auch Zugriff auf Statistiken und weitere Features zu erlangen *(Instagram Business*, 2018a). Sie können *Ads* (Werbeanzeigen) schalten, potenzielle Kunden über Produkte und Dienstleistungen informieren, die Bekanntheit erhöhen und den Produktverkauf ankurbeln (ebd., 2018b). Seit Frühjahr 2018 ist in einigen Ländern, unter anderem in Deutschland, Shopping auf *Instagram* möglich (ebd., 2018c). Die Plattform führte sogenannte „*Shoppable Tags on Photos*" ein, mit denen Fotos hervorgehoben und pro Bild bis zu fünf Produkte markiert werden können. Mit diesen Shopping-Beiträgen wurde es ermöglicht, Produktbeschreibungen und Preise innerhalb des *Instagram*-Feeds angezeigt zu bekommen, ohne die App verlassen zu müssen. Erst wenn ein Verbraucher auf den „Jetzt einkaufen"-Button klickt, wird er zur mobilen Unternehmenswebsite weitergeleitet, auf der er das gewünschte Produkt direkt kaufen kann *(Instagram*, 2018a).

2.4.2 Relevanz und Nutzung von Instagram

Laut Faßmann/Moss sind die wachsende Unterwegsnutzung des Internets und die verstärkte Verbreitung von mobilen Geräten sehr wichtige Faktoren für die Relevanz von *Instagram*, da sie Grundvoraussetzungen zur Verwendung der App darstellen (*Faßmann/Moss*, 2016, S. 19). Die Anzahl der deutschen Smartphone-Nutzer steigt seit Jahren stetig an. Im Jahr 2012 waren es noch 31 Mio. Deutsche, die ein Smartphone nutzten. 2018 sind es schon etwa 57 Mio. (*Bitkom Research/comScore*, 2018). Soziale Netzwerke werden dabei von 68 % der deutschen Smartphone-Besitzer mobil genutzt (*Bitkom Research*, 2017, S. 5). Der tägliche Gebrauch des Internets über Smartphones im Jahr 2016 betrug bei 14–29-jährigen Deutschen 86 % (*Koch/Frees*, 2016, S. 423–425; *Projektgruppe ARD/ZDF-Multimedia*, 2016, S. 4).

Instagram ist ein Netzwerk mit eher jungen Nutzern. Weltweit sind 67 % der Nutzer unter 35 Jahre alt, 27 % zwischen 35 und 54 sowie 6 % über 54 Jahre alt. Die Geschlechterverteilung ist mit 51 % weiblich und 49 % männlich recht ausgeglichen (*Kemp*, 2018, S. 77). Deutschlandweit konnte *Instagram* im August 2017 15 Mio. Nutzer verzeichnen (*Horizont*, 2017).

Die App erfreut sich einer starken Nutzungsintensität. Mit rund vier Millionen Deutschen, welche die App 2016 täglich nutzten, können Unternehmen eine hohe Reichweite ihrer Posts erlangen und eine große Anzahl potenzieller Kunden erreichen (*Koch/Frees*, 2016, S. 435 f.; *Projektgruppe ARD/ZDF-Multimedia*, 2017, S. 8). In Deutschland nutzten 23 % der Gesamtbevölkerung im Alter von 14–29 Jahren im Jahr 2017 täglich *Instagram*, bei den 30–49 Jährigen waren es nur 3 %. Hierbei besteht ein klarer Zusammenhang mit dem intensiven Smartphone-Gebrauch und der Internetaffinität der jüngeren Generation. Ebenfalls ist die steigende Nutzungsdauer des Internets ein relevanter Faktor für die intensive Nutzung von sozialen Netzwerken (*Koch/Frees*, 2017, S. 444 f.). Daher ist *Instagram* besonders für die Bindung von jüngeren Zielgruppen geeignet.

Mit 300 Mio. registrierten Nutzern im Jahr 2014 hat die App bis 2018 einen Zuwachs auf 800 Mio. verzeichnet, wobei über 500 Mio. sogar täglich aktiv waren (*Instagram*, 2018b). Daher ist auch der Nutzerzuwachs von *Instagram* ein essenzieller Faktor für die hohe Relevanz (*Faßmann/Moss*, 2016, S. 20). Etliche Unternehmen haben diese Bedeutung und hohe Reichweite von *Instagram* erkannt und beteiligen sich mit 25 Mio. Business-Profilen an der wachsenden Community. 200 Mio. private Nutzer besuchen täglich mindestens eines dieser Unternehmensprofile und mehr als 80 % der *Instagrammer* haben ein Unternehmen abonniert. Dabei gaben laut einer Nutzerumfrage mehr als die Hälfte der Befragten an, auf *Instagram* von neuen Produkten oder Dienstleistungen zu erfahren (*Instagram*, 2017b; *Instagram Business*, 2018d). Die soziale Plattform scheint somit sowohl für Privatpersonen als auch für Unternehmen sehr attraktiv zu sein und von hohem Nutzen für sämtliche Akteure. Bei einer weltweiten Umfrage zum Nutzen von Social Media-Marketing gaben 88 % der befragten Unternehmen an, dass sie dadurch die Aufmerksamkeit erhöhen und 69 % der Unternehmen die Kundenloyalität fördern können (*Social Media Examiner*, 2018). Ausführliche Statistikfunktionen, Werbeanzeigen, *Shoppable Tags on Photos*, Kundeninteraktion, Data-Mining und besonders die Möglichkeiten zur Markenführung machen das Netzwerk für Unternehmen interessant (*Scholz*, 2017, S. 9 f.).

2.5 Zwischenfazit

Die steigende Internet- und Social Media-Nutzung wie auch die Weiterentwicklung des Webs und des Nutzerverhaltens lassen soziale Medien als Web 2.0-Anwendungen an Bedeutung gewinnen. Verknüpft mit dem E-Commerce, dem Online-Vertrieb von Produkten und Dienstleistungen entsteht der Social Commerce als Kommerzialisierung der sozialen Medien. Dabei liegt der Fokus auf der Nutzerinteraktion und -integration sowie der Kommunikation zwischen Verbrauchern und Unternehmen. Die Erstellung von nutzergenerierten Inhalten ist dabei essenziell im SC. Im Rahmen des App-basierten Social Commerce wie auf der Bild- und Video-Sharing-App *Instagram* können Konsumenten in Prozesse integriert werden und Produkte kaufen. Unternehmen können auf *Instagram* vor allem junge Nutzer erreichen, welche zudem sehr an Unternehmensprofilen und -inhalten interessiert sind. Die intensive Nutzungsintensität, der starke Nutzerzuwachs und die hohe Aktualität der App weisen darauf hin, dass *Instagram* auch in Zukunft für Unternehmen relevant sein wird. Mit einem prognostizierten Marktvolumen von über 165 Mrd. US-Dollar im Jahr 2021 liegen im SC ersichtlich hohe Potenziale, nicht nur in der Förderung der Kundenaufmerksamkeit und -loyalität, sondern auch in der Umsatzsteigerung.

3 Potenziale und Einschränkungen des Social Commerce für Unternehmen

Nachfolgend werden die Nutzenpotenziale und Ziele, also die Vorteile von Social Commerce für Unternehmen, erläutert. Als Voraussetzung für weitere Untersuchungen werden daraufhin sozialpsychologische Potenziale in Form von *Word-of-Mouth*, *User-Generated Content*, *Influencer*-Marketing, *Advocates* sowie *Social Support* und *Social Sharing* betrachtet. Anschließend folgen Problembereiche und Einschränkungen des Social Commerce für Unternehmen. Im Zwischenfazit werden bündig die Inhalte des Kapitel 3 zusammengefasst.

3.1 Nutzenpotenziale und Ziele für Unternehmen

Ein Unternehmen, welches Social Commerce nutzt, schöpft parallel die Nutzenpotenziale des E-Commerce aus. Durch den Auftritt im Web wird die globale Präsenz und der damit einhergehende Zutritt zu bisher unerreichten Zielgruppen und Märkten ermöglicht. Ebenfalls ist eine erhöhte Flexibilität gewährleistet, da Angebote individuell platziert und Sortimente flexibel gestaltet werden können. Damit kann die Aktualität der gebotenen Produkte und Dienstleistungen garantiert werden (*Olbrich/Schultz/Holsing*, 2015, S. 18).

Wie im E-Commerce können auch im Social Commerce Bestellungen direkt angenommen und damit Zeit und Kosten gespart werden. Die aus der Nutzung von E-Commerce gewonnenen Kundendaten lassen sich mit Daten aus sozialen Medien verknüpfen, analysieren und zum Vorteil des Unternehmens nutzen. Dabei können das Such- und Kaufverhalten, Interessen der Konsumenten, bisherige Daten aus Kundenbeziehungen sowie Transaktionen anhand von Data-Mining zur Bildung von exakten Zielgruppen verwendet werden. Zudem können speziell auf den Nutzer angepasste Produkte empfohlen und Marketingmaßnahmen individuell geschaltet werden. Dies führt unter anderem zu einer verbesserten Kundenbindung und der Möglichkeit des Cross-Selling, dem Querverkauf von sich ergänzenden Produkten (*Olbrich/Schultz/Holsing*, 2015, S. 18; *Vajapeyajula/Radhakrishnan/Varma*, 2015, S. 493–498). Die Untersuchung des Habitus der Zielgruppen gilt als Erfolgsfaktor, um fähig zu sein, passende Maßnahmen zu induzieren (*Olbrich/Schultz/Holsing*, 2015, S. 37).

Generell können die Vorteile des Online-Handels genutzt werden wie bspw. die Schnelligkeit des Mediums, Orts- und Zeitunabhängigkeit, die vereinfachte Beschaffung von Informationen aufgrund höherer Transparenz, die Verfügbarkeit und Zugänglichkeit für Unternehmen und Konsumenten wie auch die niedrigeren Lieferungs- und transparenten Transaktionskosten (ebd., 2015, 18-19).

Neben den Potenzialen des Online-Vertriebs tragen auch die Potenziale des Social Media-Marketing zum Erfolg des Social Commerce bei. Ziele wie die Steigerung der Bekanntheit der Produkte und Marken bzw. des Unternehmens können erreicht werden. Ebenso sind Unternehmen imstande, sich als Experten zu positionieren und Bereitschaft zum Austausch deutlich zu machen, wodurch die Interaktion mit den Nutzern verstärkt werden kann. Die Neukundengewinnung, Kundenbindung und der Kundenservice sind ebenso Potenziale im Social Media-Marketing. Weitere Vorteile bilden das Social Media-Monitoring, Förderung der Markenwahrnehmung und -bildung, Verstärkung des Website-Traffic wie auch das verbesserte Ranking in Suchmaschinen darzustellen (*Bitkom*, 2016; *Kreutzer*, 2018, S. 21-29; *Rossmann/Sonntag*, 2013, S. 152; *Turban/Strauss/Lai*, 2016, S. 14 f.).

In den Kaufprozessen stecken speziell im Social Commerce hohe Potenziale. Der Kunde kann einfach in verschiedene Prozesse integriert werden und somit die Wertschöpfungskette beeinflussen. Der Herstellungsprozess eignet sich, um Nutzer in die innovative Produktentwicklung einzubeziehen. Während des Kaufprozesses können Konsumenten durch Produktempfehlungen beeinflusst werden und Social Commerce sowie Social Media als Informationsquelle nutzen. In der Nachkaufphase stecken wiederum die Potenziale der Empfehlungen, Bewertungen und der Online-Mundpropaganda (*Olbrich/Schultz/Holsing*, 2015, S. 25 f.; *Yadav et al.*, 2013, S. 314-319). Auf diese sozialpsychologischen Potenziale wird in Kapitel 3.2 weiter eingegangen und die damit verknüpften Potenziale in den Phasen des Kaufprozesses in Kapitel 4 erläutert.

Laut Rossmann und Sonntag liegen die Ziele und Potenziale im Social Commerce überwiegend bei der Neukundengewinnung und Absatzsteigerung. Zudem hat die Interaktion mit Nutzern eine hohe Bedeutung, ebenfalls mit dem Ziel der erhöhten Umsatzsteigerung (*Rossmann/Sonntag*, 2013, S. 152). Auch Turban et al. betonen die Neukundengewinnung und das Feedback der Kunden bezüglich der Produkte, des Service und Designs. Zudem unterstreichen sie die Reduzierung der Kosten durch kostenlose Mundpropaganda sowie Nutzung von Gruppenintelligenz im Innovationsprozess als auch effiziente und schnelle Marktforschung. Weitere Potenziale sind auch bei Turban et al. die erhöhten Absatz- und Umsatzzahlen aufgrund von verschiedenen Faktoren wie z. B. ansteigendem Website-Traffic, *Influencer*-Marketing oder Markenbildung durch den Dialog mit Nutzern und damit einhergehend die Erhöhung des Marktanteils und Gewinns (*Turban/Strauss/Lai*, 2016, S. 14 f.).

3.2 Sozialpsychologische Potenziale

Die in diesem Kapitel vorgestellten sozialpsychologischen Potenziale beinhalten gesellschaftliche Verhaltensweisen der Nutzer von sozialen Medien, welche sich auf den Social Commerce auswirken.

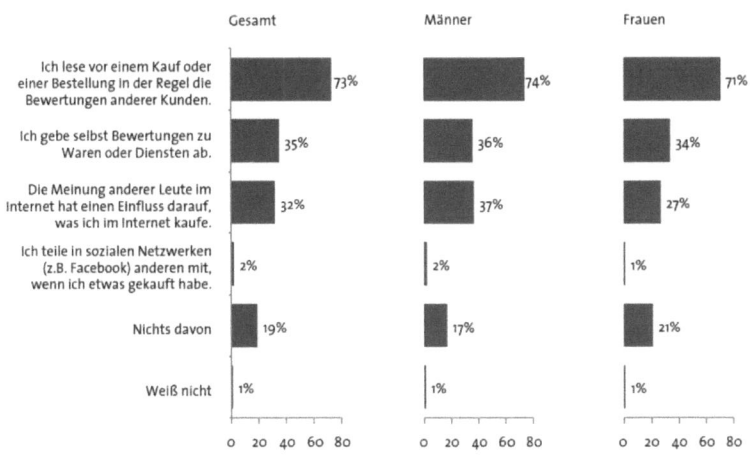

Darst. 2: Weitergabe von Erfahrungen mit Produkten oder Dienstleistungen
Quelle: *Bitkom*, 2013, S. 39

3.2.1 Word-of-Mouth und User-Generated Content

Laut einer Studie von 2013 (Darst. 2) lesen 73 % der deutschen Internetnutzer vor einem Online-Kauf das Feedback anderer Konsumenten. Für 32 % der User beeinflusst die Bewertung anderer Menschen direkt ihr Online-Kaufverhalten (*Bitkom*, 2013, S. 39). Die Weitergabe von Empfehlungen und Erfahrungen hat, begründet durch die höhere Glaubhaftigkeit, einen großen Einfluss auf die Kaufentscheidung (*Radić/Posselt*, 2016, S. 439).

Klassische Mundpropaganda (*Word-of-Mouth*) bedeutet, dass Verbraucher sich untereinander über Produkte, Marken und Dienstleistungen unterhalten und durch den Meinungsaustausch Kaufentscheidungen anderer Verbraucher beeinflussen, unabhängig von Unternehmen oder kommerziellen Zielen. Wenn diese Empfehlungen und Bewertungen im Internet ausgesprochen werden, bezeichnet man sie als *Electronic Word-of-Mouth* (*eWOM*). Kennzeichnend hierbei ist, dass *eWOM* innerhalb kürzester Zeit eine hohe Reichweite erlangen kann und Akteure sich häufig nicht persönlich kennen, sondern sich aufgrund gemeinsamer Konsuminteressen austauschen (*Siegert et al.*, 2016, S. 339 f.).

Aufgrund der hohen Werbewirkung sollten Unternehmen bewusst *eWOM* auf Social Media auslösen, um ihre Marke und Produkte zu vermarkten. Kundenzufriedenheit, Erfahrungsmomente, Motive und Involvement sind unter anderem Faktoren, die *eWOM* initiieren können (ebd., 2016, S. 440). Um positives *eWOM* zu fördern, können bspw. Gewinnspiele auf sozialen Medien wie *Instagram* veranstaltet werden und einen Anreiz für Nutzer liefern, selbst Inhalte zu produzieren. Diese von Nutzern generierten Inhalte (*UGC*) sind für Unternehmen nicht nur kostengünstig, sondern auch aufmerksamkeitserregend und glaubwürdig (ebd., 2016, S. 335 f.).

Das Bedürfnis nach sozialem Austausch mit anderen Personen ist im Menschen verankert und ein relevantes Motiv zur Erstellung von *UGC* auf sozialen Netzwerken (*Lis/Korchmar*, 2013, S. 16; *Musiolik*, 2014, S. 152). Im Rahmen des Marketings können Unternehmen versuchen, Nutzer zu beeinflussen, sodass diese möglichst positive Informationen über Marken, Dienstleistungen, Produkte oder Unternehmen teilen (*Musiolik*, 2014, S. 152). In Bezug auf Social Commerce sind *eWOM* und *UGC* essenziell, denn sie können den Ruf der Marke sowie Kaufentscheidungen der Nutzer positiv wie auch negativ beeinflussen (*Ceyp/Scupin*, 2013, S. 157; *East/Hammond/Lomax*, 2008, S. 215). Die rasante Verbreitung von Informationen mit hoher Reichweite (Viralität) kann zum Vorteil für Unternehmen genutzt werden, um die Markenbekanntheit zu erhöhen, einen Zusatznutzen durch die Marke zu generieren, Markenerlebnisse zu schaffen, Kunden zu gewinnen sowie zu binden und damit letztendlich den Absatz zu steigern. Nutzerbeteiligung und Involvement sind die treibende Kraft für Social Commerce (*Benyoucef/Rad*, 2011, S. 71).

3.2.2 Influencer-Marketing und Advocates

Influencer-Marketing bedeutet, Schlüsselpersonen miteinzubeziehen, die einen großen Einfluss und ein großes Netzwerk besitzen und somit andere Nutzer beeinflussen können. Diese Markenbotschafter, die Informationen über das Web und soziale Medien verbreiten, sind sogenannte *Advocates* oder *Influencer* (*Jahnke*, 2018, S. 4; *Olbrich/Schultz/Holsing*, 2015, S. 147). Als *Influencer* werden Nutzer bezeichnet, die Weiterempfehlungen anlässlich extrinsischer Motivation wie bspw. Geld oder Produktproben aussprechen. *Advocates* hingegen sind überzeugte Kunden, die nicht mit kommerziellem Hintergrund, sondern aufgrund selbst gemachter Erfahrung Marken oder Produkte anpreisen (*Brown/Fiorella*, 2013, S. 201 f.).

Um *ewOM* zu fördern, sollten Unternehmen sich laut Turban et al. auf *Advocates* (Fürsprecher) fokussieren. (*Turban/Strauss/Lai*, 2016, S. 58). Anhand dieser speziellen Form des *ewOM* und *UGC* können sie im Rahmen von Social Commerce den Dialog zwischen Unternehmen und Konsumenten fördern und personifizieren. Sie können als Produktberater auftreten, Produktneuheiten bekannt machen sowie Produkt- und Markenbotschaften auf emotionale und persönliche Art multiplizieren und damit Markenerlebnisse generieren. Dadurch wecken sie außerdem die Aufmerksamkeit der Zielgruppe, gewinnen Neukunden und fördern Loyalität. Ebenfalls haben sie Einfluss auf Kaufentscheidungen, Kundenbindung und Markenbekanntheit.

3.2.3 Social Support und Social Sharing

Social Support ist die soziale Unterstützung, die eine Person durch Beziehungen zu anderen Menschen wahrnimmt oder erfährt. Dabei wird sich um die Person gekümmert, sie erhält Antworten und Hilfe von Menschen in ihrem sozialen Umfeld. Ebenfalls kann *Social Support* als Möglichkeit zur Befriedigung der eigenen psychischen Bedürfnisse gesehen werden, aufgrund des Verlangens nach Zugehörigkeit und Unterstützung. Dabei kann es einer Person helfen, sich besser zu fühlen, indem ihr direkte Hilfe zur Verfügung gestellt wird, um persönliche Probleme zu lösen. Im Internet kann dies durch informative und emotionale Unterstützung geschehen (*Liang et al.*, 2011, S. 70 f.; *Turban/Strauss/Lai*, 2016, S. 67). Die Bedeutung von *Social Support* im Rahmen des Social Commerce ist folgende: Für Nutzer ist es logisch, informationelle Unterstützung als *Social Support* in sozialen Netzwerken zu leisten. Dabei beinhaltet die Interaktion als Erweiterung des Teilens von hilfreichen Informationen wie bspw. einem guten Rat auch kommerzielle Informationen und Empfehlungen (*Liang et al.*, 2011, S. 72). Diese Unterstützung der User kann direkt verkaufsfördernd wirken und somit ist *Social Support* eine treibende Kraft im SC. Je größer die soziale Unterstützung auf einem sozialen Netzwerk ist, desto höher ist die Wahrscheinlichkeit, dass Nutzer an Social Commerce teilnehmen (ebd., 2011, S. 70–72).

In diesem Zusammenhang spielt auch *Social Sharing* eine große Rolle. *Social Sharing* bezieht sich auf das Teilen von Informationen in sozialen Netzwerken und stellt in Bezug auf Social Commerce eine Empfehlung dar. Z. B. werden in Online-

Shops „Teilen"-Verlinkungen, sogenannte „*Social-Sharing-Buttons*" angezeigt, sodass ein Nutzer betrachtete oder gekaufte Produkte mit seinem Social Media-Profil verknüpfen und mit Freunden und Bekannten teilen kann (*Jacob*, 2015, S. 215). Relevant ist hier, dass die Informationen mit Freunden und Bekannten auf sozialen Netzwerken geteilt werden und nicht wie bei klassischen Produktbewertungen mit Fremden (*Liang et al.*, 2011, S. 69). Social Sharing bezieht sich nicht nur auf Produkte und Marken, sondern generell auf das Teilen von Inhalten mit dem sozialen Netzwerk. Laut Rimés Theorie des „*Social Sharing of Emotions*" teilen Personen emotionale Empfindungen. Dabei gilt: Je intensiver die Emotion oder je verblüffender das Erlebnis, desto eher erzählt eine Person dieses Ereignis weiter (*Rimé*, 1995). Damit ist die Nutzung von Beziehungen in sozialen Netzwerken zu kommerziellen Zwecken ein Potenzial im SC (*Liang et al.*, 2011, S. 73).

3.3 Problembereiche und Einschränkungen

Obwohl Social Commerce als Anwendung von sozialen Medien im Vertrieb viele Möglichkeiten und Chancen für Unternehmen bietet, beinhaltet die Umsetzung desgleichen einige Probleme und Einschränkungen. Für Unternehmen besteht die Gefahr, die Kontrolle über das Markenbild wie auch ihren Ruf zu verlieren, denn Diskussionen und Bewertungen in sozialen Medien können nicht kontrolliert werden und möglicherweise negativ ausfallen. Ebenfalls ist die Qualität und Glaubwürdigkeit der nutzergenerierten Inhalte (*UGC*) nicht überprüfbar. Wahrhaftigkeit vermag also zum Problem beim SC werden (*Turban/Strauss/Lai*, 2016, S. 16). *UGC* kann sich dementsprechend sowohl positiv als auch negativ auf potenzielle Kunden auswirken. Darüber hinaus besteht die Gefahr, dass angezeigte Empfehlungen bisheriger Kunden andere Nutzer negativ beeinflussen, denn sie könnten als manipulative Reklame empfunden werden. Daraus kann ein möglicher Kaufabbruch aufgrund psychologischer Reaktanz, also einer Abwehrhaltung, resultieren. Eine solche Reaktanz wird ebenfalls ausgelöst durch zu exzessive Verkaufspolitik auf Plattformen wie *Instagram* (*Clee/Wickling*, 1980, S. 391–393; *Olbrich/Schultz/Holsing*, 2015, S. 38).

Davon abgesehen müssen Unternehmen im Reputationsmanagement Lösungen finden, wie falsche oder negative Aussagen gehandhabt werden sollen. Denn Kommentare können sich in sozialen Medien viral, also in kürzester Zeit mit einer hohen Reichweite, verbreiten. Schnelligkeit, Offenheit und Transparenz in der Kommunikation sind daher von hoher Relevanz (*Olbrich/Schultz/Holsing*, 2015, S. 38; *Turban/Strauss/Lai*, 2016, S. 16).

Probleme der Wirtschaftlichkeit stellen Risiken im Rahmen der Social Media-Nutzung dar. Häufig ist bei Verantwortlichen im Unternehmen nicht das benötigte Social Media-Fachwissen vorhanden und es fehlt eine einheitliche Marketing-Strategie für soziale Medien, wodurch im Endeffekt der Nutzen nicht den Kosten entspricht. Zusätzlich entstehen Wartungs- und Pflegeprobleme auf Grund von nicht stetiger und konsistenter Betreuung der Social Media-Kanäle (Gabriel/Röhrs, 2017, S. 83).

Abgesehen davon tauchen unternehmensinterne Bedenken sowohl bei der Messbarkeit von Leistungskennzahlen als auch bei der Integration von Social Commerce in bestehende IT-Systeme auf (Turban/Strauss/Lai, 2016, S. 16). Die Verletzung von Datenschutz-, Marken- und Urheberrechten sowie der Privatsphäre kann rechtliche Konsequenzen mit sich ziehen (Gabriel/Röhrs, 2017, S. 85). Daher sind rechtliche Aspekte und Sicherheit Faktoren, welche Probleme bereiten können, sofern sie nicht gut durchdacht werden. Außerdem vermag die Rechtfertigung der Ausgaben für Social Commerce problematisch sein (Turban/Strauss/Lai, 2016, S. 16; Vajapeyajula/Radhakrishnan/Varma, 2015, S. 496).

Generell verkörpern einige Schwachstellen des E-Commerce auch Problembereiche im SC. So kann der Kannibalismuseffekt aufgrund der verschiedenen Distributionswege eines Unternehmens auftreten, indem gleiche Güter zu unterschiedlichen Preisen online und offline vermarktet werden. Ein klassisches Problem ist außerdem der mangelnde physische Kontakt mit dem Produkt. Konsumenten können das Produkt nicht anfassen oder erleben, was zu einer Einschränkung der Wahrnehmung und damit einer Beeinflussung der Kaufentscheidung führen kann (Bitkom, 2013, S. 7; Olbrich/Schultz/Holsing, 2015, S. 23).

Obwohl viele Güter online erhältlich sind, eignen sich nicht alle für SC. Allgemein werden Güter, deren Frische relevant ist wie z. B. Lebensmittel und Pflanzen oder Güter, die einen hohen finanziellen Wert haben wie z. B. ein Auto laut Bitkom weniger häufig online eingekauft. Bücher, eBooks, Schuhe, Kleidung und Accessoires werden hingegen sehr oft im Internet erworben, ebenso Unterhaltungsmedien, Reisedienstleistungen und Tickets für Events. Elektronische Güter und Software werden darüber hinaus auch häufig im Web beschafft (Bitkom, 2013, S. 5). Laut Kollmann hängt die Tauglichkeit eines Produktes für den Online-Handel von dessen „E-Potential" ab (Kollmann, 2016, S. 266). Bliemel et al. definieren E-Potential als Ausmaß, mit dem ein Produkt anhand seiner Charakteristika über das Internet vertrieben werden kann (Bliemel/Fassott/Theobald, 2000, S. 193). Hauptfaktor für diese Produkteignung ist die Digitalisierbarkeit eines Produktes, der möglichen Transformation eines Gutes in digitale Informationen. Ein Buch kann bspw. in ein eBook umgewandelt werden und eine DVD in einen Video-Download. Für den Internetverkauf am geeignetsten sind daher komplett digitalisierbare Güter (*Bliemel/Fassott/Theobald*, 2000, S. 193; *Kollmann*, 2016, S. 266 f.; *Walgenbach*, 2008, S. 37).

Für nicht digitalisierbare Güter muss auf Basis des *E-Potentials* anhand weiterer Faktoren evaluiert werden, ob ein Verkauf über E-Commerce und damit Social Commerce lohnend ist. Dafür sollte zum Einen die digitale Beschreibbarkeit betrachtet werden. Diese analysiert, inwieweit Produktinformationen digitalisiert und dargestellt werden können, sodass der Konsument eine fundierte Kaufentscheidung treffen kann. Des Weiteren spielt die digitale Beurteilbarkeit eine große Rolle. Der Konsument sollte rein über das Online-Medium entscheiden können, ob er jenes Gut ohne physische Überprüfung kaufen will. Zum Anderen ist der digitale Beratungsaufwand ein essenzieller Faktor. Dieser Faktor bewertet den Informationsumfang eines Artikels. Wenn bei einem Produkt zwingend eine Beratung durch den Anbieter vorausgesetzt ist, besitzt es ein geringeres *E-Potential* (*Kollmann*, 2016, S. 267). Diese Kriterien erklären, warum manche Produkte in der *Bitkom*-Studie von 2013 deutlich häufiger online vertrieben wurden als andere. Bücher haben ein hohes *E-Potential*, sie können neben der vollständigen Digitalisierbarkeit als eBook optimal digital beschrieben werden. Der Kunde kann ein Buch durch eine Online-Leseprobe überprüfen und benötigt in der Regel keine tiefergehende Beratung. Neben diesen Faktoren kann auch die visuelle Darstellung des Produktes im Internet die Kaufentscheidung vorteilhaft unterstützen (ebd., 2016, S. 269). Für Social Commerce über ein soziales Medium wie *Instagram*, dessen Inhalt aus Videos und Fotos besteht, ist diese Visualisierung von höchster Bedeutung (*Faßmann/Moss*, 2016, S. 36).

Im Allgemeinen können jegliche Güter, die auch im klassischen Online-Handel vertrieben werden, im Social Commerce vermarktet und verkauft werden. Doch im Zusammenhang mit den grundlegenden Eigenschaften von SC eignen sich Produkte mit hohem *E-Potential* aufgrund ihrer Charakteristika besser zum Vertrieb über Social Commerce. Spezielle Einschränkungen gibt es ebenfalls bei der generellen Eignung von Marken und Produkten für SC auf *Instagram*. Dies ist abhängig von dem Interesse der Konsumenten, sich mit einem Produkt auseinanderzusetzen und Informationen zu suchen, zu verarbeiten und zu speichern. In Kapitel 4.1 wird diese Marken-/Produkteignung anhand des Involvements und den Grundtypen der Kaufentscheidungen erläutert.

3.4 Zwischenfazit

Nutzenpotenziale des Social Commerce im Zusammenhang mit E-Commerce sind globale Präsenz, Flexibilität, Aktualität, direkte Bestellannahme, exakte Zielgruppenbildung und Data-Mining aus Kunden-, Transaktions- und Social Media-Daten. Es können nicht nur die Vorteile des Online-Handels übertragen werden, sondern ebenso die Ziele des Social Media-Marketings wie die Bekanntheitssteigerung, Kundengewinnung und -bindung sowie die Interaktion zwischen Unternehmen und Konsumenten. Von hohem Wert ist für den SC die Integration der Nutzer in den Herstellungs-, Kauf- und Nachkaufprozess. Übergeordnetes Ziel ist dabei immer die Umsatz- und Absatzsteigerung.

Zur Erreichung dieser Nutzenpotenziale und Ziele ist das sozialpsychologische Verhalten der Social Media-Nutzer essenziell. Das natürliche Mitteilungsbedürfnis der Menschen kann zum Auslösen positiver Online-Mundpropaganda (*eWOM*) und nutzergenerierter Inhalte (*UGC*) gebraucht werden, denn die Nutzerbeteiligung und Involvement sind treibend im SC. Durch Markenbotschafter wie *Influencer* und *Advocates* kann *UGC* produziert und verbreitet werden. *Social Support* bringt Nutzer dazu, informationelle Hilfe zu leisten und dementsprechend auch kommerzielle Informationen zu teilen. Das Teilen von Informationen in sozialen Netzwerken, genannt *Social Sharing*, bezieht sich im SC speziell auf Empfehlungen und Produktkäufe.

Dennoch beinhalten diese sozialpsychologischen Faktoren auch Risiken. Soziale Interaktionen können nicht kontrolliert werden und negative Inhalte können sich viral verbreiten. Da das Feedback anderer Kunden für potenzielle Konsumenten relevant ist, hat es hohen Einfluss auf den Online-Einkauf.

Zu Problemen kann es im SC durch den Kannibalismuseffekt oder rechtliche Aspekte kommen. Im Rahmen des Vertriebs von Gütern im Internet stellt auch die Produkteignung anhand der Digitalisierbarkeit eine Einschränkung dar, speziell im SC. Nicht komplett digitalisierbare Güter sollten digital beschreibbar und beurteilbar sein. Die Tauglichkeit ist des Weiteren vom digitalen Beratungsaufwand und der visuellen Darstellung des Produktes abhängig.

4 Analyse der Potenziale des Social Commerce auf Instagram

In diesem Kapitel werden die Potenziale des Social Commerce auf *Instagram* analysiert und charakterisiert. Als Voraussetzung wird beginnend die Eignung einer Marke für Social Commerce auf *Instagram* beschrieben. Anhand der drei Phasen des Kaufprozesses und des induzierten Verhaltens werden anschließend die Resultate aus Kapitel 3 mit Erkenntnissen des Konsumentenverhaltens verknüpft. Alsdann werden die Auswirkungen der verschiedenen Potenziale auf das Käuferverhalten im Social Commerce auf *Instagram* erörtert und die hergeleiteten Potenziale begründet.

4.1 Faktoren zur erfolgreichen Nutzung von Instagram

Die Eignung einer Marke zur erfolgreichen Nutzung von *Instagram* hängt vom Involvement der Konsumenten und deren Kaufverhalten ab (*Esch et al.*, 2012, S. 151). Um einen Konsumenten zu Handlungen zu stimulieren, muss man ihn zuerst durch Reize in den Erregungszustand der Aktivierung versetzen, welcher Einfluss auf das Verhalten hat wie bspw. die Bereitschaft zur Informationsverarbeitung oder die Erwägung einer Kaufentscheidung (*Homburg*, 2017, S. 29 f.). Die Intensität der Aktivierung kann dabei vom Involvement des Konsumenten abhängen. „Involvement bezeichnet den Grad der ‚Ich-Beteiligung' bzw. des Engagements einer Person, sich für bestimmte Sachverhalte zu interessieren oder einzusetzen." (*Meffert/Burmann/Kirchgeorg*, 2015, S. 108). Es hat starke Einflüsse auf die Aufnahme, Verarbeitung und Speicherung von Informationen. Für die Eignung einer Marke für *Instagram* sind die Arten „Kognitives Involvement" und „Emotionales Involvement" relevant, welche hoch oder niedrig ausfallen können und die Kaufentscheidung beeinflussen. Kognitives Involvement bedeutet, dass das Individuum interessiert ist, möglichst viel über ein Produkt oder eine Marke zu erfahren. Emotionales Involvement sagt aus, dass der Verbraucher „besondere Gefühle" bezüglich eines Objekts hat (*Homburg*, 2017, S. 39).

Hohes emotionales und niedriges kognitives Involvement führt zu impulsiven Kaufentscheidungen (Darst. 3) wie dem Kauf von Süßigkeiten an der Tankstelle oder die Abgabe von höheren Geboten bei einer Auktion (ebd., 2017, S. 109). Hierbei sind Informationen über das Produkt zweitrangig, denn Produkte sind austauschbar. Emotionen und Erlebnisse hingegen sind treibend. Durch Erlebnismarketing wie bei der *Instagram*-Kampagne von *Sprite Mexiko* im Frühjahr 2017 (Anhang 1) sollen die Kunden zur Interaktion animiert werden und durch die Marke einen Zusatznutzen erleben. *Sprite* positionierte die Marke durch ein markenkonformes Erlebnis als Getränk für einzigartige junge Menschen, welche bereit sind, Risiken einzugehen, um Ziele zu erreichen. Die Zielgruppe erlebte dadurch einen Zusatznutzen und die Markenbeliebtheit wie auch Werbeerinnerung stiegen deutlich an (Esch et al., 2012, S. 153; Instagram Business, 2018e).

Hohes emotionales und hohes kognitives Involvement erzeugen extensive Kaufentscheidungen (Darst. 3), bei denen Investitionen mit hohem emotionalen Wert getätigt werden wie ein Haus- oder Autokauf. Der Konsument ist sowohl an tiefergehenden Informationen als auch an emotionalen Erlebnissen interessiert, welche die Marke *Mercedes-Benz UK* mit der C-Klasse Cabriolet Werbung auf *Instagram* (Anhang 2) lieferte und 2,6 Mio. Nutzer erreichte. Dabei wurde der Genuss des Fahrens ohne Verdeck emotional erlebbar gemacht und es wurden weitere Informationen zur Verfügung gestellt (Esch et al., 2012, S. 153; Instagram Business, 2018f).

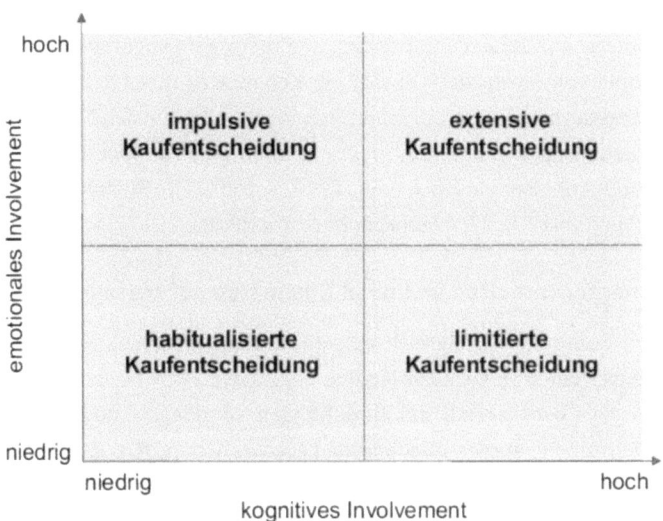

Darst. 3: Zusammenhang zwischen Kaufverhalten und Involvement
Quelle: *Foscht/Swoboda/Schramm-Klein*, 2017, S. 168
in Anlehnung an *Kroeber-Riel/Gröppel-Klein*, 2013, S. 463

Bei niedrigem emotionalen und hohem kognitiven Involvement besteht bereits Interesse an einem Produkt, aber die Bindung an eine Marke rückt in den Hintergrund. Der Konsument sucht bewusst nach Informationen und trifft vor allem rationale Kaufentscheidungen (Darst. 3) wie bei Versicherungen oder Fonds. Der Einsatz von *Instagram* und Social Commerce ist für diesen Bereich weniger geeignet, da geringe emotionale Reize geliefert werden und die attraktive Visualisierung dieser Produkte sich schwierig gestaltet (*Esch et al.*, 2012, S. 153).

Kaum Interesse an Produkt oder Marke besteht bei niedrigem emotionalen und niedrigem kognitiven Involvement (Darst. 3). Der Kauf hat eine gering wahrgenommene Wichtigkeit und entsteht häufig aus Gewohnheit wie bei Milch oder Toilettenpapier. Der Nutzer benötigt weder weitere Informationen noch hat er eine emotionale Bindung zum Produkt. Bei solch austauschbaren Alltagsprodukten macht ein Einsatz von *Instagram* und SC kaum Sinn (ebd., 2012, S. 153).

Aufgrund der Möglichkeit zur Visualisierung und damit einhergehenden emotionalen Reizen haben Marken und Produkte mit hohem emotionalen und hohem kognitiven Involvement das größte Potenzial zur Erreichung ihrer Zielgruppen im SC auf *Instagram*. Aufgrund der Bilder und Videos wird *Instagram* als sehr emotional empfunden. Somit sind emotionales Involvement und das Schaffen von Erlebnissen auf der Plattform von starker Bedeutung. Daher eignen sich auch Marken und Produkte mit hohem emotionalen und niedrigem kognitiven Involvement für die Nutzung von *Instagram*. Ob sich ein Konsument für eine Marke oder ein Produkt interessiert und damit beschäftigen möchte, ist für den SC relevant. Geeignete Markenkategorien sind besonders Fashion, Beauty, Sport, Reisen, Autos, Shopping, Food und Lifestyle (*Esch et al.*, 2012, S. 151–153; *Faßmann/Moss*, 2016, S. 27 f.; *Homburg*, 2017, S. 77; *Instagram Business*, 2018a, 2017).

4.2 Konsumentenverhalten im Social Commerce auf Instagram

Um im Social Commerce erfolgreich zu sein, müssen Unternehmen das Online-Konsumentenverhalten in sozialen Medien verstehen. Zwar besuchen Nutzer soziale Netzwerke überwiegend, um Beziehungen zu pflegen, doch gewinnt die kommerzielle Nutzung stark an Bedeutung (*Turban/Strauss/Lai*, 2016, S. 55). Das Konsumentenverhalten beschreibt jegliche beobachtbare Verhaltensweisen von Verbrauchern in Bezug auf den Kauf von Gütern (*Scharf/Hehn/Schubert*, 2015, S. 58). Der Kaufprozess kann dabei in Vorkauf-, Kauf- und Nachkaufphase aufgeteilt werden (Darst. 4), anhand derer man das Verhalten auch in sozialen Medien analysieren und entsprechende Marketingmaßnahmen ableiten kann (*Foscht/Swoboda/Schramm-Klein*, 2017, S. 183).

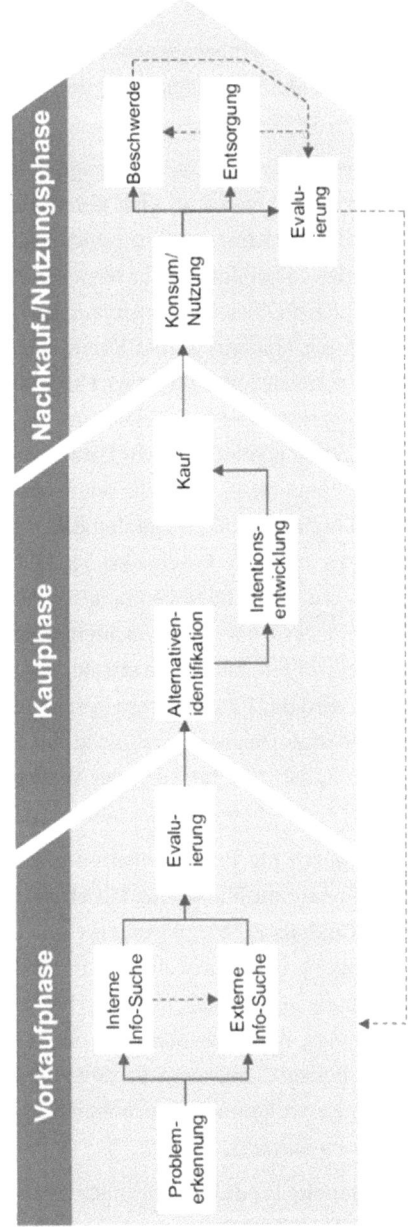

Darst. 4: Die drei Phasen des Kaufprozesses
Quelle: *Foscht/Swoboda/Schramm-Klein*, 2017, S. 184

4.2.1 Vorkaufverhalten

Die Vorkaufphase startet in der Regel mit der Bedürfniswahrnehmung, auf welche die Informationssuche folgt. Abschließend findet die Evaluierung der möglichen Alternativen statt (ebd., 2017, S. 183).

Die Bedürfniserkennung entsteht, wenn ein Konsument einen Mangel oder eine Unzufriedenheit feststellt. Sie kann auch entstehen, wenn eine Gelegenheit zur Erhöhung der Zufriedenheit erkannt wird. Dies kann durch die Inspiration von außen in Form der Wahrnehmung von neuen Idealbildern oder besseren Produkten passieren (*Benyoucef/Rad*, 2011, S. 66; *Foscht/Swoboda/Schramm-Klein*, 2017, S. 187). Dieser Impuls geschieht häufig durch Marketing- und Kommunikationsmaßnahmen, welche aktivierend auf den potenziellen Kunden wirken sollen. Dabei kann bspw. die Problem- und Bedürfniserkennung durch den Hinweis auf bevorstehende Ereignisse angeregt werden. *Nivea* postete kurz vor Ostern auf *Instagram* eine Story mit mehreren Bildern mit den Fragen „Habt ihr schon alle Ostergeschenke?" und „Wie wär's mit unseren Geschenksets?". Im letzten Bild der Story dann der *Call-to-Action*: „Hier geht es zu unseren Geschenksets! *Swipe up!*" (Anhang 3). Damit regte *Nivea* die Problem- und Bedürfniserkennung an und lieferte zugleich die Lösung. Zu Anlässen wie Ostern oder Weihnachten werden im Social Commerce häufig Sales-Aktionen angeboten, um Preise attraktiv zu gestalten und zum Kauf zu animieren. Ebenfalls wird das Kaufinteresse durch Rabattaktionen geweckt, wie beim Online-Shop *Def-Shop*. Dieser nutzte *Instagram*, um seinen Abonnenten mittels einer Story einen Rabattcode für 20 % zur Verfügung zu stellen (Anhang 4).

In sozialen Medien kann der Kauf auch durch die Kommunikation einer Problemlösung angeregt werden wie bei der Deodorant-Marke *Axe*. Mit einem kurzen Video vermittelt sie das Body Spray *Axe* Gold als Problemlösung für unangenehmen Geruch: *„smell fresh all day"* (Anhang 5). Doch nicht nur organische Posts, sondern auch gesponserte Beiträge können auf *Instagram* Wünsche kreieren. Werbebeiträge können in Form von *Photo Ads, Video Ads, Story Ads* oder *Carousel Ads* veröffentlicht und dem Nutzer als „gesponsert" angezeigt werden. Anhand der *Targeting*-Option basierend auf *Facebook*-Daten können Unternehmen exakt die gewünschte Zielgruppe erreichen (*Instagram Business*, 2018b).

Die Vorkaufsphase kann ebenfalls durch geteilte Produkterfahrungen starten. Der Reiseanbieter *Airbnb* gebraucht *Instagram* in diesem Sinne, um Nutzern besondere Schlafplätze und Reiseziele darzubieten und das Fernweh der Zielgruppe zu wecken (Anhang 6). Zudem fordert *Airbnb* auf, Stories mit *@Airbnb* (Verlinkung) zu teilen (Anhang 7). Soziale Einflüsse wie Verlinkungen, Likes, Kommentare und „gekauft von ..." sind fähig Kundenwünsche und -bedürfnisse zu wecken und somit kann ein Konsument sich in sozialen Medien rational wie auch emotional orientieren. Er kann Auskünfte über die Akzeptanz und Beliebtheit von Dienstleistungen, Produkten und Marken bekommen, über neue Produkte informiert werden und sehen, welche Leistungen sein soziales Umfeld oder Vorbilder interessieren (*Benyoucef/Rad*, 2011, S. 66; *Heinemann*, 2018a, S. 53; *Yadav et al.*, 2013, S. 316). Das soziale Netzwerk fungiert als Quelle der Inspiration für anstehende Käufe. Dabei will ein Nutzer sich mit seinem sozialen Netzwerk, Freunden und Vorbildern identifizieren können (*Yadav et al.*, 2013, S. 317).

Auf einer visuellen Plattform wie *Instagram* ist es von gesteigerter Bedeutung, die Leistungen und Posts ästhetisch und attraktiv zu gestalten. Social Media kann besonders zur Stärkung der Markenbekanntheit sowie zur Markenführung genutzt werden, denn wenn ein Konsument in seinem Gedächtnis nach Informationen sucht, sollte direkt die entsprechende Marke auftauchen. Erfahrungsgemäß wird bei der Informationssuche erst in den Erinnerungen nach Lösungen und dann in der Umwelt des Verbrauchers gesucht, um entscheiden zu können, was zur Befriedigung des entstandenen Bedürfnisses gekauft wird (*Benyoucef/Rad*, 2011, S. 67; *Foscht/Swoboda/Schramm-Klein*, 2017, S. 189 f.).

Eine höhere Markenbekanntheit und -loyalität grenzt die Informationssuche ein. Abgesehen davon besuchen Personen mit verschiedenen Erfahrungen und Interessen die sozialen Medien. Sie verbreiten *eWOM* und können somit die Informationssuche vereinfachen.

Im News Feed eines Nutzers können aufgrund von *Social Sharing* kombiniert mit *eWOM* für den Nutzer neue Produkte auftauchen, obwohl er die entsprechende Marke nicht abonniert hat. *Adidas* veröffentlicht z. B. regelmäßig Produktneuheiten und informiert seine Fans darüber, ab wann das neue Produkt verfügbar sein wird. Fans verlinken Freunde auf dem Post und so tauchen neue Produkte im News Feed von Konsumenten auf, ohne dass sie der Marke folgen (Anhang 8). In dieser Phase der Informationssuche kann das Verhalten der Konsumenten stark von *eWOM* und *UGC* beeinflusst werden. Hilfreich dabei können Produktbewertungen sein, sowohl auf Seiten der Online-Shops als auch im Rahmen von persönlichen Posts der Konsumenten in sozialen Medien, in welchen sie ihre Meinungen und Erfahrungen teilen (*Benyoucef/Rad*, 2011, S. 67). Der entstandene *UGC* hilft Nutzern, sich über Produkte und Marken zu informieren. Auch *Advocates* und *In-*

fluencer können bei der Informationssuche behilflich sein und erreichen aufgrund ihrer hohen Reichweite viele Nutzer. Dabei werden diese Inhalte von Nutzern als vertrauenswürdiger eingestuft als von Unternehmen veröffentlichte Inhalte, weshalb *Social Support* von hoher Bedeutung ist (*Yadav et al.*, 2013, S. 317). Der *Influencer* Ruddy Trobrillant (asos_ruddy) zeigt auf seinem Profil die aktuellsten Klamotten des Online-Shop *ASOS* (Anhang 9). Seine Posts bieten Inspiration für junge Männer und generieren einen Mehrwert für *ASOS* und seine Kunden. Anhand des Links im Profil können Fans die präsentierten Artikel im Online-Shop von *ASOS* bestellen (Anhang 10).

In der Alternativenevaluierung bewertet der Verbraucher die in Betracht kommenden Optionen. Dabei hat der Zusatznutzen eines Produktes eine hohe Relevanz, da die Kerneigenschaften von Produkten sich häufig stark ähneln (*Foscht/Swoboda/Schramm-Klein*, 2017, S. 191 f.). Hilfestellung bei der Evaluation kann durch das Sharing von Käufen und Produktempfehlungen des sozialen Umfelds und durch die Weiterempfehlung zufriedener Kunden geschehen. Somit spielt *eWOM* und *UGC* eine bedeutende Rolle.

Im Vorkaufsverhalten agieren soziale Netzwerke als Quelle für Informationen und Bestätigung für den geplanten Kauf. Sie können funktionellen, finanziellen und sozialen Risiken vorbeugen (*Yadav et al.*, 2013, S. 317). Mit Marketingmaßnahmen kann die Vorkaufphase gezielt gestaltet und somit das Verhalten der Konsumenten beeinflusst werden. Indem das schwedische Möbelhaus *Ikea* seine Fans auffordert, ihre schönsten „Midsommar-Momente" zu teilen und ihr Lieblingsfoto mit dem Hashtag #MachMidsommar auf *Instagram* hochzuladen, fördert es die Generierung von *UGC*. Nutzer können durch den Fotowettbewerb Preise gewinnen und haben schon über 4.000 Beiträge veröffentlicht (Anhang 11).

Die grundlegende Schwierigkeit besteht darin, Fans in Kaufkunden umzuwandeln. Hilfreich kann dabei der exklusive Verkauf von Produkten und Spezialangeboten sein, zu welchen Fans exklusiven oder immerhin früheren Zugang erhalten (*Heinemann*, 2018b, S. 164). Dies kann außerdem zu Impulskäufen führen, bei denen die Vorkaufsphase weitestgehend übersprungen und direkt die Kaufphase eingeleitet wird (*Yadav et al.*, 2013, S. 315). Die Dessous-Marke *Victoria's Secret* ermutigte in ihrer Story die Abonnenten mit dem Exklusivvorteil eines geschenkten Paares Pantoletten zum Kauf von Produkten auf *Instagram* (Anhang 12).

4.2.2 Kaufverhalten

Im Rahmen der Kaufphase entsteht nach der Auswahl der besten Alternative die Kaufabsicht und anschließend erfolgt die Kaufabwicklung.

Zuerst wählt der Konsument die Alternative aus, die er als optimal bewertet. Um als beste Option empfunden zu werden, sollten Unternehmen durch Markenerlebnisse einen Zusatznutzen generieren. Das *Instagram*-Profil von *Nutella* stellt seinen Fans bspw. Rezeptideen mit dem Produkt zur Verfügung und generiert damit einen Mehrwert für seine Zielgruppe (Anhang 13).

Nach der Alternativenauswahl entscheidet der Konsument sich dann, das Produkt zu kaufen, was im Online-Handel und Social Commerce mit dem „in den Warenkorb legen" gleichgesetzt ist. Zum Abschluss tätigt er den Kauf, bestellt die Leistung, bezahlt sie und erhält sie als Download oder per Versandweg (*Foscht/Swoboda/Schramm-Klein*, 2017, S. 211 f.). In der Kaufphase ist es von hoher Relevanz, den Einkauf für den potenziellen Kunden möglichst einfach zu gestalten (ebd., 2017, S. 214). Im SC kann das die direkte Weiterleitung zur Seite des gewünschten Artikels im Online-Shop sein oder das Produkt wird direkt in den Warenkorb gelegt und der Kauf muss nur noch abgeschlossen und bezahlt werden (Anhang 14; Anhang 15).

Auf *Instagram* können Unternehmen Shopping-Beiträge veröffentlichen, in denen sie Produkte erwähnen. Diese Beiträge werden links unten auf dem Bild mit einem „Zum Anzeigen tippen"-Symbol ausgestattet (Darst. 5). Beim Anklicken tauchen Markierungen auf, welche bis maximal fünf weitere Artikel und die entsprechenden Preise anzeigen (Darst. 5). Durch das Auswählen einer Markierung erscheint eine neue Detailanzeige mit Produktinformationen (Darst. 5). Somit können Konsumenten relevante Produktinformationen erhalten, ohne *Instagram* für eine Recherche verlassen zu müssen. Mit dem Antippen des „Auf Website anzeigen"-Links wird der Konsument direkt zum Produkt im Online-Shop des Unternehmens weitergeleitet und kann den gewünschten Artikel erwerben (*Instagram Business*, 2016).

Durch Cross-Selling kann der Kauf zusätzlich angeregt bzw. der Umsatz maximiert werden. Dabei werden passende Produkte zu vorherigen Käufen oder den im Warenkorb liegenden Artikeln angeboten. Für diese Art der Empfehlungen werden anhand von Data-Mining die Interessen und das Verhalten des Konsumenten analysiert (*Benyoucef/Rad*, 2011, S. 69). Durch Vorschlagslisten im Rahmen von Shopping-Beiträgen, bei denen bspw. ein komplettes Outfit angeboten wird (Darst. 5), kann ebenfalls Cross-Selling stattfinden.

Nach Abschluss des Kaufs wird dem Kunden in der Regel vorgeschlagen, den getätigten Kauf via *Social Sharing* auf sozialen Medien zu teilen oder Freunden weiterzuempfehlen (*Benyoucef/Rad*, 2011, S. 69; *Yadav et al.*, 2013, S. 319). Dies führt dann direkt zur Phase des Nachkaufverhaltens.

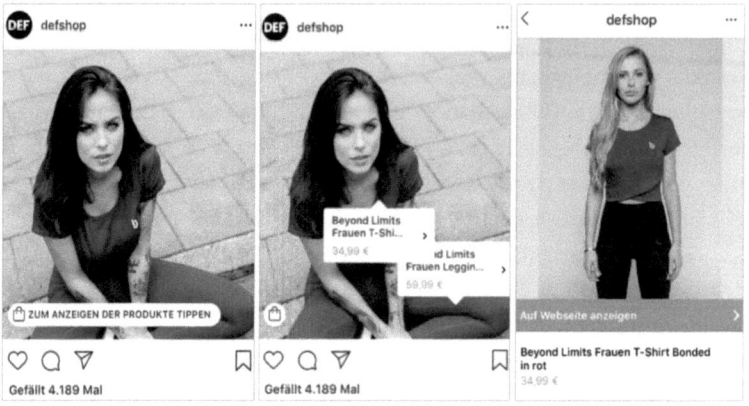

Darst. 5: Shopping-Beispielbeitrag von Def-Shop bei Instagram
Quelle: *Instagram Def-Shop*, 2018

4.2.3 Nachkaufverhalten

In der Nachkaufphase findet der Konsum bzw. die Nutzung des erworbenen Gutes statt und letztendlich auch seine Entsorgung. Außerdem fällt die Evaluierung und Bewertung der Leistung in diese Phase und gegebenenfalls die Auslösung der Kundenzufriedenheit. Wenn der Konsument zufrieden war, kann das den Start einer neuen Vorkaufphase hervorrufen und Kundenloyalität begründen. Wenn er nicht zufrieden war, kann es sein, dass der Konsument sich beschwert und seiner Unzufriedenheit Ausdruck verleiht (*Foscht/Swoboda/Schramm-Klein*, 2017, S. 229–236).

Eine Beschwerde kann nicht nur zur Beendigung der Kundenbeziehung, sondern auch zu negativem *eWOM* führen. Daher sollte in dieser Phase auf eine schnelle und hilfreiche Kommunikation mit dem unzufriedenen Konsumenten geachtet und Beschwerden zu dessen Zufriedenheit gelöst werden. Zufriedene Konsumenten wiederum haben eine verstärkte Kaufbereitschaft und zeigen treue Verhaltensweisen. Sie sind resistenter gegenüber Angeboten von Wettbewerbern und präferieren den erneuten Kauf beim selben Unternehmen, empfehlen dieses sogar weiter und werden damit möglicherweise selbst zum *Advocate*. Im Rahmen von *Social Sharing* und *eWOM* teilen sie ihre Erfahrungen mit ihrem sozialen Netzwerk. Außerdem sind sie preisunsensibler und geben Ideen und Anregungen an das bevorzugte Unternehmen weiter. Somit reduzieren sie nicht nur die Kosten des Unternehmens, sondern steigern den Profit durch erneute Käufe (ebd., 2017, S. 239–248).

Die Accessoires-Marke *Kapten & Son* fordert Kunden auf, Bilder mit ihren *Kapten & Son*-Produkten mit *#bekapten* zu teilen, um die Chance zu erhalten, über das Markenprofil veröffentlicht zu werden (Anhang 16; Anhang 17). Dieser andauernde Fotowettbewerb hat bisher mehr als 50.000 Beiträge generiert und damit eine hohe Reichweite für ein Profil mit 649.000 Abonnenten erreicht.

Maßnahmen zur Kundenbindung in der Nachkaufphase sowie die Einleitung einer erneuten Vorkaufphase sind von essenzieller Bedeutung. Instrumente zur Kundenbindung im Social Commerce können dabei Rabattsysteme, Coupons, Events, Gewinnspiele, *Product Sampling* wie auch die gemeinsame Produktentwicklung sein. Die Beziehung zum Kunden sollte so eng wie möglich gestaltet werden. Die Drogeriemarke *dm* nutzte dafür im April ein Post mit einem Bild, auf dem *Nivea*-Produkte hinter Ostereiern versteckt waren (Anhang 18). In der Bildbeschreibung forderte *dm* auf, die Produkte zu zählen und die richtige Anzahl zu kommentieren. Unter den richtigen Kommentaren wurden dann Eventtickets verlost. Somit verband *dm* nicht nur ein Event mit einem Gewinnspiel, sondern machte zudem auf das bevorstehende Osterfest aufmerksam.

Im Social Commerce hat das Verhalten in der Nachkaufphase vermutlich den größten Einfluss auf andere Konsumenten und potenzielle Kunden. Es tangiert alle vorherigen Teilprozesse des Konsumentenverhaltens und ist der Übergang vom zu beeinflussenden Konsumenten hin zum Einflussnehmenden, möglicherweise sogar zum *Advocate*. Unternehmen sollten daher zufriedene Kunden verstärkt dazu motivieren, Produktempfehlungen und -bewertungen zu veröffentlichen und *UGC* zu generieren. Einen Anreiz für Konsumenten, diese Erfahrungen zu teilen, können Faktoren wie *Social Support* und *Social Sharing* sein. Nutzer möchten Freunden bei der Entscheidungsfindung helfen, indem sie persönliche Erfahrungen mit Produkten und Dienstleistungen teilen. Abgesehen davon wollen Nutzer häufig ihre Emotionen über den Kauf oder Gebrauch eines Produktes teilen und gegebenenfalls Stolz ausdrücken (*Benyoucef/Rad*, 2011, S. 70; *Yadav et al.*, 2013, S. 319).

Durch das Betrachten und Analysieren des Konsumentenverhaltens in den verschiedenen Kaufphasen im Social Commerce auf *Instagram* können Unternehmen ihre Marketing- und Kommunikationsmaßnahmen anpassen und verbessern sowie ihre Umsatzzahlen steigern, während sie ihre Marketingausgaben verringern (*Benyoucef/Rad*, 2011, S. 70). Zusammenfassend sind die Haupttreiber für erfolgreichen Social Commerce die Nutzerinteraktion und das Involvement (ebd., 2011, S. 71).

4.3 Auswirkungen der sozialpsychologischen Potenziale auf das Konsumentenverhalten im Social Commerce auf Instagram

Social Commerce im Rahmen des Social Media-Marketings kann durch die verschiedenen in Kapitel 3.2 vorgestellten sozialpsychologischen Potenziale stark beeinflusst werden. Mit dem Feature des Shoppings auf *Instagram* kann nun das Konsumentenverhalten und die verschiedenen Phasen des Kaufprozesses gänzlich auf *Instagram* ablaufen, von der Inspiration und damit der Bedürfniswahrnehmung bis hin zum getätigten Kauf und den Prozessen des Nachkaufverhaltens. Es können nicht nur die Markenbekanntheit erhöht und neue Kunden gewonnen, sondern über *Instagram* Umsätze und Absatzzahlen gesteigert werden.

Electronic Word-of-Mouth, User-Generated Content, Influencer und *Advocates* sowie *Social Support* und *Social Sharing* können jede Verhaltensphase des Konsumenten beeinflussen, verstärkt jedoch in der Vorkaufphase. Die aktive Einbindung von Nutzern und potenziellen Kunden wie auch die Beziehung zwischen Marken und Kunden sind im Fokus. Kunden wollen nicht nur einkaufen, sie wollen wie beim Offline-Shopping auch sozial interagieren, sich untereinander austauschen und Shopping zum Erlebnis machen. In der Foto- und Video-Sharing-Plattform *Instagram* kann der Kunde Produktentwickler, Ratgeber und Käufer gleichzeitig sein. Diese Integration der Kunden wiederum kann eine gesteigerte Markttransparenz und verringerte Anbahnungskosten ableiten. Der Online-Handel wird um die soziale Komponente ergänzt. Die Dezentralität von Social Commerce auf *Instagram* kann außerdem dazu führen, dass der vernetzte Nutzer „bei der Bedürfnisweckung zum Kauf" abgeholt werden kann (*Olbrich/Schultz/Holsing*, 2015, S. 38 f.). Da Werbung und von Unternehmen generierte Inhalte beim Nutzer keinen so großen Einfluss haben wie die Auswirkungen des eigenen sozialen Umfeldes, ist es von hoher Bedeutung, den Kunden durch *UGC* zu erreichen und ihm einen Mehrwert zu bieten. Die Förderung dieser sozialpsychologischen Potenziale ist Erfolgsfaktor für gewinnbringenden Social Commerce, besonders auf *Instagram*, und schöpft nicht nur die Potenziale des E-Commerce, sondern auch des Social Media-Marketings aus. Die Beeinflussung der Kaufphasen durch sozialpsychologische Potenziale kann somit zu folgenden abgeleiteten Nutzenpotenzialen und Vorteilen des SC für Unternehmen führen: Hauptziel des Social Commerce ist der Vertrieb von Produkten und Dienstleistungen und die damit einhergehende Steigerung der Umsätze. Die sozialpsychologischen Auswirkungen auf das Konsumentenverhalten können eine Absatzerhöhung erzielen und vor allem durch *eWOM* und *UGC* Kaufprozesse beeinflussen. Cross-Selling, Hinweise auf bevorstehende Ereignisse wie auch Rabatt- und Sales-Aktionen können ebenfalls die Absatzzahlen steigern.

Zudem stellt Data-Mining im Rahmen von Social Media-Monitoring ein Potenzial für Unternehmen dar. Nicht nur können über soziale Netzwerke die Interessen und das Verhalten der Konsumenten analysiert werden, dank des SC-Faktors können diese Informationen mit Transaktionen und bisherigen Kundenbeziehungen verknüpft werden. Werbung auf *Instagram* kann noch zielgerichteter geschaltet und Zielgruppen genauer bestimmt werden.

Die Gewinnung von Neukunden und Bindung von bestehenden Kunden stellt ebenfalls ein Potenzial dar. Da Nutzer bereits in sozialen Medien wie *Instagram* aktiv sind, können Unternehmen direkt und global mit ihnen in Kontakt treten, sie auf Produkte und Marken aufmerksam machen, ohne sie erst auf die eigene Unternehmenswebsite locken zu müssen. *Social Sharing* und *Social Support* lässt die Akquise von Neukunden teilweise unter den Nutzern selbst stattfinden, indem sie interessante Produkte weiterempfehlen oder Wünsche teilen.

Die Erhöhung der Marken- und Produktbekanntheit ist ein generelles Potenzial des Social Media-Marketings auf *Instagram*, gewinnt allerdings im Social Commerce an Bedeutung. *Influencer-* und *Advocates*-Marketing ermöglicht es Unternehmen, Nutzer zu erreichen, die bisher nicht zu den Fans gehörten, aber Teil der Zielgruppe sind. Ein attraktives Auftreten einer Marke auf *Instagram* und Aktionen wie Fotowettbewerbe können *UGC* fördern und eine hohe Reichweite erzielen. Wenn zufriedene Konsumenten über ihre Erfahrungen und Produkte sprechen, erreicht das Nutzer und steigert die Bekanntheit, mehr noch, fördert die Kundenbindung.

4.4 Zwischenfazit

Für die visuelle Plattform *Instagram* sind Marken und Produkte mit hohem emotionalen Involvement des Konsumenten, welches zu einer impulsiven oder extensiven Kaufentscheidung führen kann, gut geeignet. Rationale oder habitualisierte Kaufentscheidungen aufgrund niedrigen emotionalen Involvements sind hingegen für *Instagram* weniger geeignet.

Als Unternehmen gilt es, auf Social Media als Inspirations- und Informationsquelle durch gezielte Marketingmaßnahmen die Vorkaufsphase einzuleiten, indem Bedürfnisse und Wünsche anhand von Werbung, sozialen Einflüssen und der Kommunikation einer Problemlösung erzeugt werden. Durch starke Markenführung, *UGC* von *Influencern* und *Advocates* wie auch *Social Sharing* neuer Produkte können die darauffolgende Informationssuche begrenzt und die Vorstellungen des Konsumenten befriedigt werden. In der Alternativenevaluierung leisten *Social Sharing* sowie *eWOM* und *UGC* in Form von Weiterempfehlungen zufriedener Kunden Unterstützung.

In der Kaufphase ist es essenziell, den Kauf möglichst einfach zu gestalten. Das wird auf *Instagram* mittels In-App Shopping-Beiträgen mit Produktinformationen umgesetzt. Dabei ermöglicht Cross-Selling dank Data-Mining eine Steigerung des Absatzes. Nach Kaufabschluss soll der zufriedene Kunde ermutigt werden, den getätigten Kauf mittels *Social Sharing* zu teilen und *UGC* bezüglich des erworbenen Produktes zu veröffentlichen. Die Kundenbindung in der Nachkaufphase ist von besonderer Wichtigkeit, denn das Verhalten in dieser Phase hat Einfluss auf alle vorherigen Teilprozesse und kann den Start einer erneuten Vorkaufsphase begünstigen.

Da die sozialpsychologischen Potenziale alle Kaufphasen beeinflussen, ist die Einbindung von Nutzern und die Interaktion zwischen Unternehmen und Konsumenten von grundlegender Bedeutung, um gewinnbringenden Social Commerce zu fördern. Durch die Einflussnahme auf das Konsumentenverhalten in den drei Phasen des Kaufprozesses können für *Instagram* geeignete Unternehmen anhand von *eWOM* und *UGC* den Vertrieb von Produkten in sozialen Medien steigern und Vorteile des Data-Mining ausschöpfen. Durch *Social Sharing* und *Social Support* lassen sich Kunden gewinnen und binden. Die Erhöhung der Marken- und Produktbekanntheit ist durch *Influencer*- und *Advocates*-Marketing und den damit kreierten *UGC* möglich.

5 Fazit

Im Rahmen dieser Bachelorarbeit sollten die Potenziale des Social Commerce (SC) für Unternehmen am Beispiel *Instagram* herausgearbeitet und erläutert werden. Es sollte dargestellt werden, welche Vorteile und Ziele ein Unternehmen durch SC erreichen und wie ebendies auf *Instagram* aussehen könnte. Schlussendlich resultierten Potenziale durch die Fusion von E-Commerce, Social Media-Marketing, Sozialpsychologie und Konsumentenverhalten.

Dazu wurde festgestellt, dass Social Commerce eine Mischung aus diesen vier Bereichen ist und als Kommerzialisierung der sozialen Medien entsteht. Dabei gelten die Interaktion und Integration von Nutzern sowie die Schaffung von nutzergenerierten Inhalten (*UGC*) als Erfolgsfaktoren. Mit In-App Shopping-Beiträgen auf *Instagram* können direkte Absatzsteigerungen erreicht werden. Somit eignet sich SC auf *Instagram* für Marken mit hohem emotionalen Involvement des Konsumenten, deren Produkte digital beschreibbar, beurteilbar sowie visuell ansprechend darstellbar sind.

Bei Kaufentscheidungen recherchieren viele Konsumenten online und beziehen dabei auch Plattformen wie *Instagram* in ihre Entscheidungen ein. Social Media wird als Informations- und Inspirationsquelle genutzt. Auf diese Weise kommen die sozialpsychologischen Potenziale zum Einsatz. Der Fokus der Sozialpsychologie in Bezug auf Social Commerce liegt auf den Aspekten *Electronic Word-of-Mouth* (*eWOM*), *User-Generated Content* (*UGC*), *Influencer-* und *Advocates-Marketing*, *Social Support* und *Social Sharing*. Anhand der Skizzierung dieser verschiedenen Mittel unter Beachtung diverser Beispiele von Unternehmen auf *Instagram* konnte in Kapitel 3 und 4 festgestellt werden, welche Einflüsse die sozialpsychologischen Potenziale im SC und im Konsumentenverhalten in der Vorkauf-, Kauf- und Nachkaufphase haben.

Durch den gezielten Einsatz von Marketing- und Kommunikationsmaßnahmen in diesen verschiedenen Verhaltensphasen können Nutzer ermutigt werden, eigene Inhalte bezüglich Produkten und Marken zu generieren und damit Einfluss auf potenzielle Kunden zu nehmen. Die Meinungen und Empfehlungen anderer Konsumenten sind für potenzielle Kunden sehr relevant und können den Onlineeinkauf stark beeinflussen, da sie vertrauenswürdiger eingestuft werden als unternehmensgenerierte Inhalte. Dementsprechend machen die Ergebnisse der Kapitel 3 und 4 erkennbar, dass *eWOM* und *UGC* zugleich Ziel und Mittel für erfolgreichen SC sind. Sie sorgen für sozialen Austausch, aber vernetzen auch Nutzer und Unternehmen. Die gesellschaftlichen Einflüsse des *Social Support* und *Social Sharing* verstärken diesen Austausch und die Generierung von Inhalten zudem.

Zusammenfassend wurde durch die Untersuchung der verschiedenen Potenziale und des Konsumentenverhaltens festgestellt, dass Social Media-Marketing in Form von Social Commerce starken Einfluss auf das Kaufverhalten der Verbraucher hat. Haupttreiber für Social Commerce sind die Nutzerbeteiligung und das Involvement. Gezielt eingesetzte Maßnahmen ermöglichen es geeigneten Unternehmen, diverse Vorteile aus dem SC zu erzielen und ganz bestimmt zum Unternehmenserfolg durch Social Media-Marketing beizutragen. Potenziale des Social Commerce für Unternehmen sind dabei der Vertrieb von Produkten und die damit einhergehende Umsatz- und Absatzsteigerung. Data-Mining und die Erhöhung der Marken- und Produktbekanntheit gehören ebenso dazu wie die Gewinnung von Neukunden und die Bindung bestehender Kunden.

Um diese Potenziale zu erreichen, sollten Unternehmen Social Media nicht als reinen Vertriebskanal ansehen, sondern sich wie Personen verhalten und *Instagram* keinesfalls mit Werbung überladen. Stattdessen ist es sinnvoll, Konsumenten zu ermutigen, selbst produkt- und markenbezogenes *eWOM* und *UGC* in ihren sozialen Medien zu veröffentlichen. Zufriedene Kunden sollen Empfehlungen als *Social Support* abgeben und aus Überzeugung und mittels *Social Sharing* für Marken und Produkte werben. *Influencer* und *Advocates* können zudem von Unternehmen gezielt in die Marketingstrategie einbezogen werden. Schlussendlich steht immer die Interaktion mit den Nutzern im Social Commerce auf *Instagram* im Zentrum.

Anhangsverzeichnis

Anhang 1: Beispielbeitrag der Instagram-Kampagne von Sprite Mexiko 36

Anhang 2: Beispielbeitrag der Instagram-Kampagne von Mercedes-Benz UK 37

Anhang 3: Instagram-Story von Nivea 38

Anhang 4: Instagram-Story von Def-Shop 39

Anhang 5: Beispielbeitrag von Axe bei Instagram 40

Anhang 6: Beispielbeitrag von Airbnb bei Instagram 40

Anhang 7: Profilübersicht von Airbnb bei Instagram 41

Anhang 8: Beispielbeitrag von Adidas bei Instagram 42

Anhang 9: Profilübersicht von Ruddy Trobrillant bei Instagram 42

Anhang 10: Beispielbeitrag von Ruddy Trobrillant bei Instagram 43

Anhang 11: Instagram-Story von Ikea 44

Anhang 12: Instagram-Story von Victoria's Secret 45

Anhang 13: Beispielbeitrag von Nutella bei Instagram 45

Anhang 14: Shopping-Beispielbeitrag 1 von Odernichtoderdoch bei Instagram 46

Anhang 15: Shopping-Beispielbeitrag 2 von Odernichtoderdoch bei Instagram 47

Anhang 16: Profilübersicht von Kapten & Son bei Instagram 48

Anhang 17: Beispielbeitrag von Megi Ndokaj mit #bekapten bei Instagram 49

Anhang 18: Beispielbeitrag von dm bei Instagram 49

Anhang

Anhang 1: Beispielbeitrag der Instagram-Kampagne von Sprite Mexiko
Quelle: Screenshot von https://business.instagram.com/success/sprite-mexico/[Zugriff 2018-06-30]

Anhang

Anhang 2: Beispielbeitrag der Instagram-Kampagne von Mercedes-Benz UK
Quelle: Screenshot von https://business.instagram.com/success/mercedes-benz-success/ [Zugriff 2018-06-30]

Anhang

Anhang 3: Instagram-Story von Nivea
Quelle: Screenshot der Story von
https://www.instagram.com/stories/highlights/17871682036200127/ [Zugriff 2018-06-27]
Hinweis: Stories können als Highlights gespeichert werden und bleiben somit verfügbar.
Profilübersicht: https://www.instagram.com/nivea_de/

Anhang

Anhang 4: Instagram-Story von Def-Shop
Quelle: Screenshot der Story [Zugriff 2018-06-27]
Hinweis: Stories sind nur 24 Stunden verfügbar.
Profilübersicht: https://www.instagram.com/defshop/

Anhang

Anhang 5: Beispielbeitrag von Axe bei Instagram
Quelle: Screenshot von
https://www.instagram.com/p/BdsV3iwhepD/?taken-by=axe
[Zugriff 2018-06-27]

Anhang 6: Beispielbeitrag von Airbnb bei Instagram
Quelle: Screenshot von https://www.instagram.com/p/BkQI9geAv6f/?taken-by=airbnb
[Zugriff 2018-06-27]

Anhang

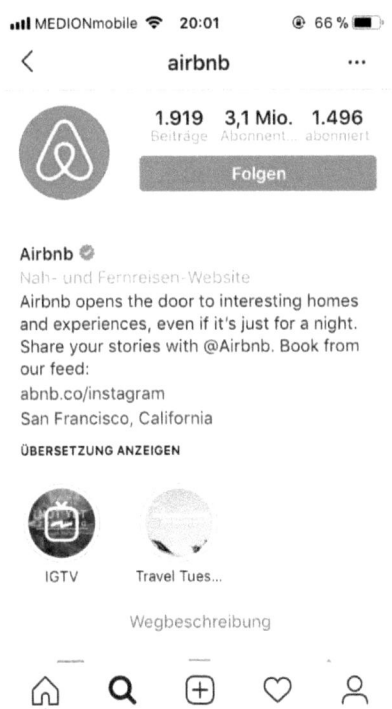

Anhang 7: Profilübersicht von Airbnb bei Instagram
Quelle: Screenshot von https://www.instagram.com/airbnb/
[Zugriff 2018-06-27]

Anhang

Anhang 8: Beispielbeitrag von Adidas bei Instagram
Quelle: Screenshot von
https://www.instagram.com/p/BkNyR-zlSAV/?taken-by=adidasoriginals [Zugriff 2018-06-27]

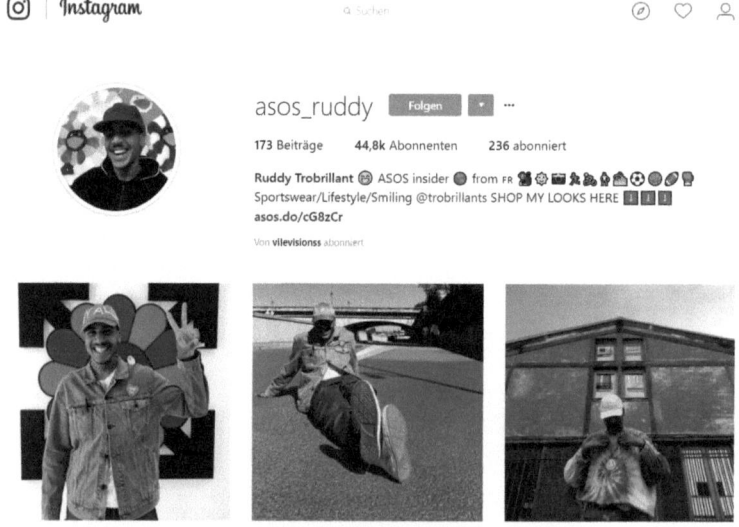

Anhang 9: Profilübersicht von Ruddy Trobrillant bei Instagram
Quelle: Screenshot von https://www.instagram.com/asos_ruddy/ [Zugriff 2018-06-27]

Anhang

Anhang 10: Beispielbeitrag von Ruddy Trobrillant bei Instagram
Quelle: Screenshot von https://www.instagram.com/p/BkaV8xdn_Qx/?taken-by=asos_ruddy [Zugriff 2018-06-27]

Anhang

Anhang 11: Instagram-Story von Ikea
Quelle: Screenshot der Story von
https://www.instagram.com/stories/highlights/17953329958061999/ [Zugriff 2018-06-27] Hinweis: Stories können als Highlights gespeichert werden und bleiben somit verfügbar. Profilübersicht: https://www.instagram.com/ikeadeutschland/

Anhang

Anhang 12: Instagram-Story von Victoria's Secret
Quelle: Screenshot der Story [Zugriff 2018-06-27]
Hinweis: Stories sind nur 24 Stunden verfügbar.
Profilübersicht: https://www.instagram.com/victoriassecret/

Anhang 13: Beispielbeitrag von Nutella bei Instagram
Quelle: Screenshot von https://www.instagram.com/p/BgvbWCgBIIi/?taken-by=nutella
[Zugriff 2018-06-27]

45

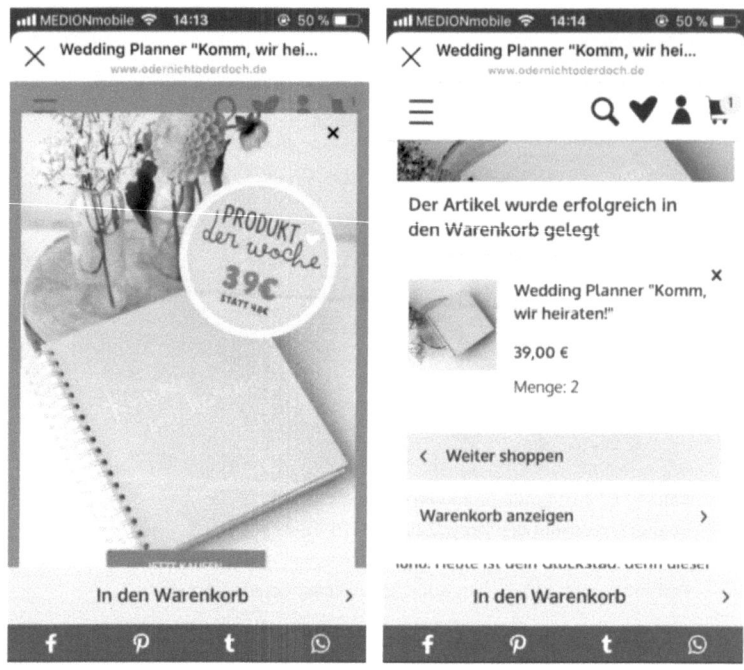

Anhang 14: Shopping-Beispielbeitrag 1 von Odernichtoderdoch bei Instagram
Quelle: Screenshot von https://www.instagram.com/p/BkhbnlkFHuf/?taken-by=odernichtoderdoch.de [Zugriff 2018-06-27]
Landingpage der Odernichtoderdoch-Website nach Klick auf Produktmarkierung „Wedding Planner" und dann Klick auf „Auf Website anzeigen" (Bild links). Dann Klick auf „In den Warenkorb" (Bild rechts).

Anhang

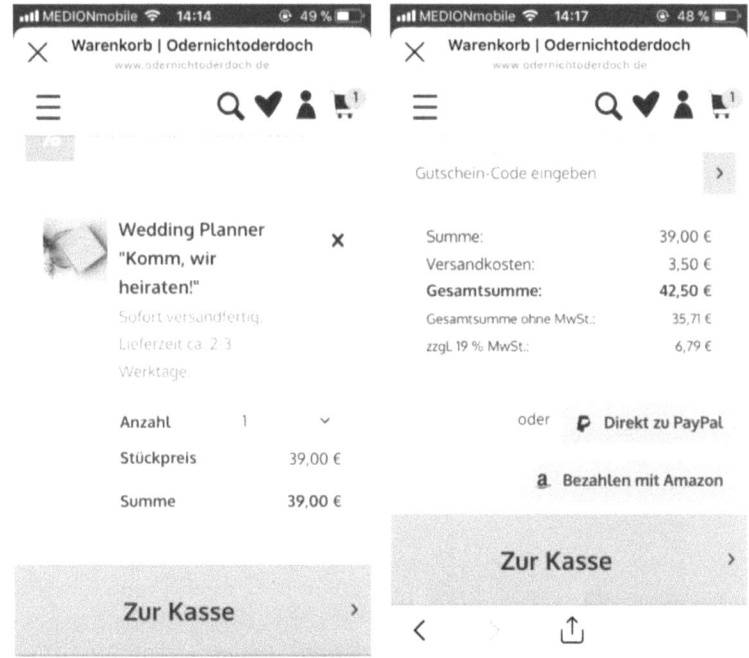

Anhang 15: Shopping-Beispielbeitrag 2 von Odernichtoderdoch bei Instagram
Quelle: Screenshot von https://www.instagram.com/p/BkhbnlkFHuf/?taken-by=odernichtoderdoch.de [Zugriff 2018-06-27]
Siehe Anhang 14, dann Klick auf „Warenkorb anzeigen" (Bild links). Dann nach unten scrollen (Bild rechts).

Anhang

Anhang 16: Profilübersicht von Kapten & Son bei Instagram
Quelle: Screenshot von https://www.instagram.com/kaptenandson/ [Zugriff 2018-06-27]

Anhang 17: Beispielbeitrag von Megi Ndokaj mit #bekapten bei Instagram
Quelle: Screenshot von
https://www.instagram.com/p/BkNvaWTnlxN/?tagged=bekapten [Zugriff 2018-06-27]

Anhang 18: Beispielbeitrag von dm bei Instagram
Quelle: Screenshot von https://www.instagram.com/p/BhBaTMBhPCl/?taken-by=dm_deutschland [Zugriff 2018-06-27]

Literaturverzeichnis

Bächle, Michael/Lehmann, Frank R. (2010): E-Business: Grundlagen elektronischer Geschäftsprozesse im Web 2.0, München: Oldenbourg, 2010

Benyoucef, Morad/Rad, Amir A. (2011): A Model for Understanding Social Commerce, in: Journal of Information Systems Applied Research (2011), S. 63–73

Bitkom (Hrsg.) (2013): Trends im E-Commerce: Konsumverhalten beim Online-Shopping, <https://www.bitkom.org/Bitkom/Publikationen/Trends-im-E-Commerce.html> [Zugriff 2018-06-11]

Bitkom (2016): Marketingbudgets und -maßnahmen in der ITK-Branche 2016: Welche Ziele verfolgen Sie bzw. welche Aufgaben erfüllen Sie mit Ihren Social Media Aktivitäten?, <https://de.statista.com/statistik/daten/studie/552630/umfrage/ziele-der-social-media-aktivitaeten-von-itk-unternehmen/> [Zugriff 2018-06-18]

Bitkom Research (2017): Smartphone-Markt: Konjunktur und Trends, <https://www.bitkom.org/Presse/Anhaenge-an-PIs/2017/02-Februar/Bitkom-Pressekonferenz-Smartphone-Markt-Konjunktur-und-Trends-22-02-2017-Praesentation.pdf> [Zugriff 2018-06-12]

Bitkom Research/comScore (2018): Anzahl der Smartphone-Nutzer in Deutschland in den Jahren 2009 bis 2018 (in Millionen), <https://de.statista.com/statistik/daten/studie/198959/umfrage/anzahl-der-smartphonenutzer-in-deutschland-seit-2010/> [Zugriff 2018-06-12]

Bliemel, Friedhelm/Fassott, Georg/Theobald, Axel (2000): Electronic Commerce, 3. Aufl., Wiesbaden: Gabler Verlag, 2000

Bouwman, Vanessa (2018): Digital in 2018: Die Anzahl der Internetnutzer weltweit knackt die 4 Milliarden Marke, <https://wearesocial.com/de/blog/2018/01/global-digital-report-2018> [Zugriff 2018-06-09]

Brown, Danny/Fiorella, Sam (2013): Influence marketing: How to create, manage and measure brand influencers in social media marketing, Indianapolis, Indiana: Que, 2013

Bruhn, Manfred/Esch, Franz-Rudolf/Langner, Tobias (Hrsg.) (2016): Handbuch Instrumente der Kommunikation, 2. Aufl., Wiesbaden: Springer Fachmedien Wiesbaden, 2016

Ceyp, Michael/Scupin, Juhn-Petter (2013): Erfolgreiches Social Media Marketing, Wiesbaden: Springer Fachmedien Wiesbaden, 2013

Clee, Mona A./Wicklung, Robert A. (1980): Consumer Behavior and Psychological Reactance, in: Journal of Consumer Research (1980), S. 389–405

Dialogmarketing Verband e.V., Deutscher (Hrsg.) (2013): Dialogmarketing Perspektiven 2012/2013: Tagungsband 7. wissenschaftlicher interdisziplinärer Kongress für Dialogmarketing, Wiesbaden: Springer Fachmedien Wiesbaden, 2013

East, Robert/Hammond, Kathy/Lomax, Wendy (2008): Measuring the impact of positive and negative word of mouth on brand purchase probability, in: International Journal of Research in Marketing 25 (2008), S. 215–224, https://doi.org/10.1016/j.ijresmar.2008.04.001#

Esch, Franz-Rudolf (2012): Vom Konsumenten zum Markenbotschafter — Durch den gezielten Einsatz von Social Media die Konsumenten an die Marke binden, in: Matthias Schulten/Artur Mertens/Andreas Horx (Hrsg.), Social Branding, 2012, S. 147–165, https://doi.org/10.1007/978-3-8349-3755-1_10#

Faßmann, Manuel/Moss, Christoph (2016): Instagram als Marketing-Kanal, Wiesbaden: Springer Fachmedien Wiesbaden, 2016

Foscht, Thomas/Swoboda, Bernhard/Schramm-Klein, Hanna (2017): Käuferverhalten, 6. Aufl., Wiesbaden: Springer Fachmedien Wiesbaden, 2017

Gabriel, Roland/Röhrs, Heinz-Peter (2017): Social Media: Potenziale, Trends, Chancen und Risiken, Berlin, Heidelberg: Springer Berlin Heidelberg, 2017

Heinemann, Gerrit (2018a): Der neue Online-Handel: Geschäftsmodelle, Geschäftssysteme und Benchmarks im E-Commerce, 9. Aufl., Wiesbaden: Springer Gabler, 2018a

Heinemann, Gerrit (2018b): Die Neuausrichtung des App- und Smartphone-Shopping, Wiesbaden: Springer Fachmedien Wiesbaden, 2018b

Heinemann, Gerrit/Gaiser, Christian W. (2016): SoLoMo – Always-on im Handel, 3. Aufl., Wiesbaden: Springer Fachmedien Wiesbaden, 2016

Hettler, Uwe (2012): Social Media Marketing: Marketing mit Blogs, Sozialen Netzwerken und weiteren Anwendungen des Web 2.0, s.l.: Oldenbourg Wissenschaftsverlag, 2012

Homburg, Christian (2017): Marketingmanagement: Strategie - Instrumente - Umsetzung -Unternehmensführung, 6. Aufl., Wiesbaden: Springer Fachmedien Wiesbaden, 2017

Horizont (2017): Anzahl der Nutzer von Instagram in Deutschland im Januar 2016 und August 2017 (in Millionen), <https://de.statista.com/statistik/daten/studie/743772/umfrage/nutzer-von-instagram-in-deutschland/> [Zugriff 2018-06-12]

Instagram (2016): Blog: Introducing Instagram Stories, <https://instagram-press.com/blog/2016/08/02/introducing-instagram-stories/> [Zugriff 2018-06-11]

Instagram (2017a): Blog: Now You Can Follow Hashtags on Instagram, <https://instagram-press.com/blog/2017/12/12/now-you-can-follow-hashtags-on-instagram/> [Zugriff 2018-06-11]

Instagram (2017b): Blog: Celebrating a Community of 25 Million Businesses, <https://instagram-press.com/blog/2017/11/30/celebrating-a-community-of-25-million-businesses/> [Zugriff 2018-06-12]

Instagram (2018a): Hilfebereich: Was ist Shopping auf Instagram?, <https://help.instagram.com/191462054687226?helpref=uf_permalink> [Zugriff 2018-06-11]

Instagram (2018b): Info Center: Our Story, <https://instagram-press.com/our-story/> [Zugriff 2018-06-12]

Instagram Business (2016): Blog: Demnächst möglich: Einkaufen auf Instagram, <https://business.instagram.com/blog/shopping-on-instagram/> [Zugriff 2018-06-26]

Instagram Business (2017): Blog: Jahresrückblick: Wir feiern erfolgreiche Unternehmen auf Instagram, <https://business.instagram.com/blog/celebrating-business-success-on-instagram/> [Zugriff 2018-06-13]

Instagram Business (2018a): Erfolgsgeschichten, <https://business.instagram.com/success/?> [Zugriff 2018-06-11]

Instagram Business (2018b): Werbung: Wachstum für dein Unternehmen mit Instagram, <https://business.instagram.com/advertising/> [Zugriff 2018-06-11]

Instagram Business (2018c): Blog: Shopping auf Instagram jetzt in mehr Ländern, <https://business.instagram.com/blog/shopping-on-instagram-goes-global/> [Zugriff 2018-06-11]

Instagram Business (2018d): Erste Schritte: Warum Instagram?, <https://business.instagram.com/getting-started?locale=de_DE> [Zugriff 2018-06-12]

Instagram Business (2018e): Erfolgsgeschichten: Sprite Mexiko, <https://business.instagram.com/success/sprite-mexico/> [Zugriff 2018-06-13]

Instagram Business (2018f): Erfolgsgeschichten: Mercedes-Benz UK, <https://business.instagram.com/success/mercedes-benz-success/> [Zugriff 2018-06-13]

Jacob, Michael (2015): Integriertes Online-Marketing, Wiesbaden: Springer Fachmedien Wiesbaden, 2015

Jahnke, Marlis (2018): Influencer Marketing, Wiesbaden: Springer Fachmedien Wiesbaden, 2018

Kaplan, Andreas M./Haenlein, Michael (2010): Users of the world, unite! The challenges and opportunities of Social Media, in: Business Horizons (2010), S. 61

Kemp, Simon (2018): Global Digital Report 2018: Digital in 2018, <https://digitalreport.wearesocial.com/> [Zugriff 2018-06-04]

Koch, Wolfgang/Frees, Beate (2016): ARD/ZDF-Onlinestudie 2016: Dynamische Entwicklung bei mobiler Internetnutzung sowie Audios und Videos, in: Media Perspektiven (2016), S. 418–437, <http://www.ard-zdf-onlinestudie.de/files/2016/0916_Koch_Frees.pdf> [Zugriff 2018-06-12]

Koch, Wolfgang/Frees, Beate (2017): ARD/ZDF-Onlinestudie 2017: Neun von zehn Deutschen online, in: Media Perspektiven (2017), S. 434–446, <http://www.ard-zdf-onlinestudie.de/files/2017/Artikel/917_Koch_Frees.pdf> [Zugriff 2018-06-12]

Kollmann, Tobias (2016): E-Business: Grundlagen elektronischer Geschäftsprozesse in der digitalen Wirtschaft, 6. Aufl., Wiesbaden: Springer Gabler, 2016

Kreutzer, Ralf T. (2018): Social-Media-Marketing kompakt, Wiesbaden: Springer Fachmedien Wiesbaden, 2018

Liang, Ting-Peng (2011): What Drives Social Commerce: The Role of Social Support and Relationship Quality, in: International Journal of Electronic Commerce 16 (2011), S. 69–90, https://doi.org/10.2753/JEC1086-4415160204#

Lis, Bettina/Korchmar, Simon (2013): Digitales Empfehlungsmarketing, Wiesbaden: Springer Fachmedien Wiesbaden, 2013

Meffert, Heribert/Burmann, Christoph/Kirchgeorg, Manfred (2015): Marketing, Wiesbaden: Springer Fachmedien Wiesbaden, 2015

Musiolik, Thomas H. (2014): Word-of-Mouth-Marketing – Die geheime Macht des Wortes, in: Anabel Ternès/Ian Towers (Hrsg.), Internationale Trends in der Markenkommunikation, 2014, S. 151–181, https://doi.org/10.1007/978-3-658-01517-6_11#

Olbrich, Rainer/Schultz, Carsten D./Holsing, Christian (2015): Electronic Commerce und Online-Marketing, Berlin, Heidelberg: Springer Berlin Heidelberg, 2015

O'Reilly, Tim (2005): Web 2.0: Compact Definition?, <http://radar.oreilly.com/2005/10/web-20-compact-definition.html> [Zugriff 2018-06-04]

Penrose, Graham (2011): Booz & Company estimate of Social Commerce Market Size (2010–2015; in US$ Billions), <https://grahampenrose.files.wordpress.com/2011/02/social-commerce-market-in-billions.png> [Zugriff 2018-06-11]

Prasath, Rajendra/Vuppala, Anil Kumar/Kathirvalavakumar, T. (Hrsg.) (2015): Mining Intelligence and Knowledge Exploration, Cham: Springer International Publishing, 2015

Projektgruppe ARD/ZDF-Multimedia (2016): ARD ZDF Onlinestudie 2016: Kern-Ergebnisse, <http://www.ard-zdf-onlinestudie.de/files/2016/Kern-Ergebnisse_ARDZDF-Onlinestudie_2016.pdf> [Zugriff 2018-06-12]

Projektgruppe ARD/ZDF-Multimedia (2017): ARD ZDF Onlinestudie 2017: Kern-Ergebnisse, <http://www.ard-zdf-onlinestudie.de/files/2017/Artikel/Kern-Ergebnisse_ARDZDF-Onlinestudie_2017.pdf> [Zugriff 2018-06-12]

Radić, Dubravko/Posselt, Thorsten (2016): Einsatz von Word-of-Mouth im Rahmen der Dialogkommunikation, in: Manfred Bruhn/Franz-Rudolf Esch/Tobias Langner (Hrsg.), Handbuch Instrumente der Kommunikation, 2016, S. 437–451, https://doi.org/10.1007/978-3-658-04655-2_21#

Richter, Alexander/Koch, Michael/Krisch, Jochen (2007): Social Commerce – Eine Analyse des Wandels im E-Commerce, in: Technischer Bericht Nr. 2007-03 der Fakultät für Informatik, Universität der Bundeswehr München (2007), <http://www.kooperationssysteme.de/2007/08/27/social-commerce/>

Rimé, Bernard (1995): The Social Sharing of Emotion as a Source for the Social Knowledge of Emotion, in: James A. Russell/José-Miguel Fernández-Dols/Antony S. R. Manstead/J. C. Wellenkamp (Hrsg.), Everyday Conceptions of Emotion, 1995, S. 475–489, https://doi.org/10.1007/978-94-015-8484-5_27#

Rossmann, Alexander/Sonntag, Ralph (2013): Social Commerce – Der Einfluss interaktiver Online-Medien auf das Kaufverhalten der Kunden, in: Deutscher Dialogmarketing Verband e.V. (Hrsg.), Dialogmarketing Perspektiven 2012/2013: Tagungsband 7. wissenschaftlicher interdisziplinärer Kongress für Dialogmarketing, 2013, S. 149–178, https://doi.org/10.1007/978-3-658-02039-2_7#

Rubel, Steve (2005): 2006 Trends to Watch Part II: Social Commerce, <https://digitalintelligencetoday.com/steve-rubels-original-2005-social-commerce-post/> [Zugriff 2018-06-10]

Russell, James A. (Hrsg.) (1995): Everyday Conceptions of Emotion, Dordrecht: Springer Netherlands, 1995

Scharf, Andreas/Hehn, Patrick/Schubert, Bernd (2015): Marketing: Einführung in Theorie und Praxis, 6. Aufl., Stuttgart: Schäffer-Poeschel, 2015

Scholz, Heike (2017): Social goes Mobile - Kunden gezielt erreichen, Wiesbaden: Springer Fachmedien Wiesbaden, 2017

Schubert, Petra/Wölfle, Ralf (2000): E-Business erfolgreich planen und realisieren: Case studies von zukunftsorientierten Unternehmen, München/Wien: Hanser, 2000

Schulten, Matthias/Mertens, Artur/Horx, Andreas (Hrsg.) (2012): Social Branding, Wiesbaden: Gabler Verlag, 2012

Siegert, Gabriele (2016): Handbuch Werbeforschung, Wiesbaden: Springer Fachmedien Wiesbaden, 2016

Social Media Examiner (2018): 2018 Social Media Marketing Industry Report: Welcher Nutzen ergibt sich durch den Einsatz von Social Media Marketing für Ihr Unternehmen?, <https://de.statista.com/statistik/daten/studie/186841/umfrage/marketingentscheider-zu-den-vorteilen-von-social-media-marketing/> [Zugriff 2018-06-12]

Statista (2017): Statista-Expertenbefragung E-Commerce 2017: Handelt es sich bei dem Thema "Social Commerce" um einen Game Changer, einen interessanten Trend, viel Lärm um nichts oder ist es noch zu früh für ein Urteil?, <https://de.statista.com/statistik/daten/studie/715781/umfrage/bedeutung-von-same-social-commerce-in-deutschland/> [Zugriff 2018-06-11]

Sumo Heavy (2016): 2016 Social Commerce Survey: Share of internet users in the United States who have purchased products directly via social media as of September 2016, <https://www.statista.com/statistics/216302/social-commerce-penetration-usa/> [Zugriff 2018-06-11]

Technavio (2017): Global Social Commerce Market 2017-2021: Industry Analysis and Drivers by Technavio, <https://www.businesswire.com/news/home/20170728005742/en/Global-Social-Commerce-Market-2017-2021-Industry-Analysis> [Zugriff 2018-06-11]

Ternès, Anabel/Towers, Ian (Hrsg.) (2014): Internationale Trends in der Markenkommunikation, Wiesbaden: Springer Fachmedien Wiesbaden, 2014

Turban, Efraim/Strauss, Judy/Lai, Linda (2016): Social Commerce: Marketing, Technology and Management, Cham: Springer International Publishing, 2016

Vajapeyajula, Anuhya/Radhakrishnan, Priya/Varma, Vasudeva (2015): Survey of Social Commerce Research, in: Rajendra Prasath/Anil Kumar Vuppala/T. Kathirvalavakumar (Hrsg.), Mining Intelligence and Knowledge Exploration, 2015, S. 493–503, https://doi.org/10.1007/978-3-319-26832-3_46#

Walgenbach, Gertrud (2008): Die Vorteilssituation von Innovatoren auf elektronischen Märkten, Wiesbaden: Gabler, 2008

Wirtz, Bernd W. (2018): Electronic business, 6. Aufl., Wiesbaden: Springer Gabler, 2018

Yadav, Manjit S. (2013): Social Commerce: A Contingency Framework for Assessing Marketing Potential, in: Journal of Interactive Marketing (2013), S. 311–323